Margot Winkler

Bombenstimmung im Heiligen Land

Israelreisebericht
4.-18. September 2003

D1729763

videel

Nachdruck oder Vervielfältigungen, auch auszugsweise, bedürfen der schriftlichen Zustimmung der Autorin.

ISBN 3-89906-896-3

© 2004 by Verlag videel OHG, Niebüll
Schmiedestr. 13 - 25899 Niebüll
Tel.: 04661 - 900115, Fax: 04661 - 900179
eMail: info@videel.de
http://www.videel.de

Alle Rechte liegen bei der Autorin

Gesamtherstellung:	videel, Niebüll
Fotos:	Margot Winkler,
	Jacob Zomer (S 88, 89)
Umschlaggestaltung:	Helmuth Kratz, Niebüll
Seitenlayout:	Helmuth Kratz, Niebüll

Bibliografische Information Der Deutschen Bibliothek
Die Deutsche Bibliothek verzeichnet diese Publikation in der Deutschen Nationalbibliografie; detaillierte bibliografische Daten sind im Internet über
http://dnb.ddb.de abrufbar.
Bibliographic information published by Die Deutsche Bibliothek
Die Deutsche Bibliothek lists this publication in the Deutsche Nationalbibliografie;
detailed bibliographic data are available in the Internet at *http://dnb.ddb.de.*

Anmerkung:

Bei den Angaben von Internetlinks möchte ich darauf hinweisen, dass ich für die dortigen Inhalte nicht verantwortlich bin. Die Angabe dieser Links dient lediglich der Information. M. Winkler

Margot A. Winkler (Ma Anand Sarvo), Sannyasin, geboren 1956 in Berlin, studierte einige Semester Soziologie, Erzieherin und Stenokontoristin, Mutter einer erwachsenen Tochter. Sie arbeitet gegenwärtig als Sekretärin in Berlin.

Inhalt

Anhang

Vorwort

Zwei Tage nach meiner Rückkehr aus Israel erhielt ich eine E-Mail von Maxi aus Tel Aviv:

"It was a pleasure to host you in Israel. I liked it very much and I hope that you have the time to feel something of Israel. It could be very nice, if you put all your diary and memos as an article to one of the newspapers....".

Auf Deutsch: „Es war ein Vergnügen, dich als Gast zu haben. Es hat mir gefallen und ich hoffe, dass die Zeit ausreichte, um etwas von Israel zu fühlen. Es wäre schön, wenn du dein ganzes Tagebuch und deine Notizen zu einem Artikel für eine Zeitung werden lassen könntest....".

Ich habe eine Menge erlebt, und das alles in nur einem Artikel unterzubringen, war mir nicht möglich. So ist dieses Buch entstanden. Mein Israelreisebericht beschreibt Orte, Begegnungen, persönliche Erfahrungen, Eindrücke, Erlebnisse, Gedanken und Ängste auf meiner Reise durch Israel, aber auch Begebenheiten in Deutschland vor und nach der Reise. Ich hoffe, mit meinem vorliegenden Buch einen eindrucksvollen Reisebericht zu liefern.

Ich glaube, all jenen Informationen und Anregungen geben zu können, die eine Reise nach Israel – trotz der gegenwärtigen Gefahrenlage – planen. Und diejenigen, die schon in Israel waren und das Land gut kennen, mögen ihre Erfahrungen mit meinen vergleichen, sich vielleicht hier oder da wiederfinden oder auch völlig neue Dinge erfahren.

Ich möchte dazu beitragen, dass Israel nicht nur im Schatten des Nahostkonfliktes wahrgenommen wird, denn Israel ist nicht (nur) das Land, welches uns täglich in den Medien hier in Deutschland begegnet. Israel ist eigentlich viel mehr und eigentlich ein ganz normales Land, wäre da nur nicht diese „Bombenstimmung".

Berlin, im August 2004
Margot Winkler

Flug mit El Al

Ich hatte einen El Al-Flug gebucht. Nicht ohne nervige Vorwarnungen von gutmeinenden Menschen erreichte ich pünktlich den Flughafen Berlin-Schönefeld und ging zum Terminal C, in dem die Israelreisenden abgefertigt werden. Das Gebäude liegt rechts neben dem Terminal A + B und wurde von der Polizei bewacht, denn die Sicherheitsmaßnahmen sind für Flugreisen von und nach Israel sehr hoch. Ich wurde außen erst zum Terminal C durchgelassen, nachdem ich den Polizeibeamten mein Flugticket und Reisepass gezeigt hatte. Unbefugten oder nichtreisenden Angehörigen und Freunden ist der Zugang zum Terminal C nicht gestattet. Man muss sich schon vor dem Absperrbereich im Freien verabschieden.

Der Berliner Tagesspiegel beschrieb bereits am 2. Dezember 2002 unter der Überschrift „Wenn El Al fliegt, muss der Abschied kurz ausfallen" die Situation für Israel-Reisende am Flughafen Schönefeld. Jetzt – neun Monate später – ist die Situation am Flughafen Schönefeld offenbar unverändert.

Beim Betreten des Gebäudes wurde ich von einem israelischen Sicherheitsbeamten - was unschwer an seinem hebräischen Akzent erkennbar war - sofort in Empfang genommen und an einen kleinen Tisch gebeten. Dieser fing nun an, mich zu interviewen. Nachdem fast eine halbe Stunde um war, kam ein zweiter Sicherheitsbeamter und begann mit mir ein weiteres Interview. Teilweise wurden dieselben Fragen doppelt - in einigen Fällen sogar dreifach

- gestellt. Nach vierzig Minuten „Verhör" ging der zweite Befrager zu dem ersten hinter einen Schalter und beide steckten eine Weile die Köpfe zusammen. Sie tauschten sich vermutlich aus, ob Widersprüche in den Interviews mit mir erkennbar waren. Dann – nach einer Weile – kam der zweite Befrager wieder und sagte zu mir, dass alles in Ordnung ist und ich zur Pass- und Gepäckkontrolle gehen kann. Ich war erleichtert.

Als ich schon längst wieder in Berlin war und die Zeitungen der vergangenen zwei Wochen durchging, entdeckte ich einen Artikel in der Jüdischen Allgemeinen vom 11. September 2003, in dem unter der Überschrift „Sicher ist sicher – Ärger wegen Kontrollen am Flughafen Lod" von unangenehmen Erfahrungen von Israel-Touristen, insbesondere von alleinreisenden Frauen, bei der Ein- und Ausreise in Israel berichtet wurde. Ganz so schlimm, wie in dem Artikel beschrieben, hatte es mich zum Glück nicht getroffen.

Hier ist eine Auswahl der Fragen, die mir in Berlin-Schönefeld gestellt wurden:
- *„Wie sind Sie zum Flughafen gekommen und von wo?"*
- *„Wer hat Sie gebracht? Hat Sie jemand begleitet?"*
- *„Warum sind Sie alleine gekommen?"*
- *„Reisen Sie oft alleine?"*
- *„Was bedeutet Ihre E-Mail-Adresse?"* Er hatte das Adressschild am Koffer geöffnet. Ich erklärte ihm, dass es sich hier um meinen indischen Sanskritnamen – Anand Sarvo

– handelt, der in der blumigen indischen Sprache soviel wie „Alle Glückseligkeit" - all bliss - bedeutet.

Er ließ nun nicht locker:
- *„Warum waren Sie in Indien?"* fragte er, während er in meinem Reisepass das Visum für Indien vom Vorjahr betrachtete.
Nach Beantwortung dieser Frage bewegten wir uns vom Fernen Osten in den vorderen Orient:
- *„Waren Sie schon in Nahost-Staaten?"*
- *„Wer hat das Gepäck gepackt? Wann haben Sie ge-packt? Wer hatte Zugang zum Gepäck? Haben Sie Ihr Gepäck 'mal aus den Augen gelassen? Hätte jemand etwas hineintun können?"*
- *„Haben Sie etwas von jemanden mitbekommen, Ge-schenke o. ä.?"*
- *„Wurden Sie am Flughafen von jemanden angespro-chen?"*
- *„Was machen Sie in Berlin? Was arbeiten Sie in Berlin? Wo arbeiten Sie in Berlin? Haben Sie einen Dienstausweis dabei? Kann ich den 'mal sehen?"*
- *„Kennen Sie jemanden in Israel? Wen kennen Sie in Israel? Wie ist der Name und Tel.-Nr.? Wo haben Sie ihn kennengelernt? Wenn ich den jetzt anrufen würde, was würde er mir über Sie sagen? Wie sind Sie in Kontakt? (E-Mail? Telefon?)"*
- *„Warum wollen Sie nach Israel? Warum nach Isra-el?"*
- *"At medaberet Iwrit?"* Nachdem ich gesagt hatte, dass ich Hebräisch lerne, fragte er auf Hebräisch weiter. Wenigstens konnte ich ihm auf Hebräisch sagen, dass ich

es lerne, aber nicht viel spreche: Ani lo medaberet Iwrit, ani lomed Iwrit, worauf er auf Deutsch weiterfragte:

- *„Wo lernen Sie Hebräisch? Wie heißt Ihre Lehrerin?"*
- *„Haben Sie Bücher über Israel? Kann ich die 'mal sehen?"*
- *„Wo haben Sie das her?"* Er besah mein Info-Material von der israelischen Botschaft.
- *„Was wollen Sie in Israel machen?"*
- *„Wo werden Sie wohnen?"*
- *„Kann ich 'mal die Hotelreservierung sehen? Warum haben Sie die Reservierung geändert? Haben Sie einen Brief von dem Hotel dabei?"*
- *„Wo haben Sie Ihr Ticket gekauft? Woher kennen Sie das Reisebüro?"*
- *„Haben Sie elektrische Geräte dabei? Haben Sie Geräte mit Batteriebetrieb dabei? Welche? Kann ich die 'mal sehen?"*

Ich fing an in meinem Koffer und Handgepäck zu wühlen und holte den Professor-Plus-Sprachcomputer, meinen Haarfön, den Reisewecker und den Walkman hervor.

- *„Ich stelle Ihnen diese Fragen, um sicher zu gehen, dass es keine Bombe sein kann. Manchmal war so etwas eine Bombe.*
- *Haben Sie israelisches Geld? Wieviel? Wo haben Sie das her? Welche Geldmittel haben Sie?* Die Frage bezog sich auf Bargeld, Reiseschecks, Kreditkarten ....
- *„Haben Sie arabische Bekannte, Freunde, Kontakte?"*

Ich verneinte die Frage. Aber natürlich hatte ich arabische Kontakte, denn ich kam ja aus Berlin und nicht vom Dorf. Ich habe türkische Familien als Nachbarn, am Arbeitsplatz gibt es arabische Studenten und Mitarbeiter und auch in meiner Verwandtschaft wird man fündig. Ich verschwieg es, da ich annehmen musste, dass die Reise noch ausfallen würde, wenn ich weiter so ehrlich antworten würde.

Nach dem überstandenen Interview erfolgte die Passkontrolle. Dann wurde das Gepäck und meine Jacke durchleuchtet und mein Körper abgescannt. Ich musste anschließend zu einem Schalter gehen, an dem eine Mitarbeiterin mein Handgepäck auseinander nahm, jedes Teil auspackte, untersuchte und wieder sehr ordentlich (!) einpackte. Dies rechnete ich ihr hoch an, denn deutsche Beamte am Frankfurter Flughafen hatten vor vielen Jahren schon ein schlimmes Chaos in meinem Gepäck hinterlassen. Erst jetzt konnte ich am Schalter von El Al meinen Koffer abgeben und für den Flug einchecken. Ich fühlte mich wie nach einer bestandenen Prüfung.

Ich betrat die Wartehalle. Es lagen noch fast zwei Stunden bis zur Abflugzeit vor mir. Ich las währenddessen Info-Material über Israel, in dem Buch von Henryk M. Broder „Die Irren von Zion"[1], welches ich mir als Reiselektüre ausgesucht hatte, schrieb Tagebuch und beobachtete die Leute und das Geschehen um mich herum. So war es nicht langweilig. Vielen Reisenden sah man ihr Jüdischsein schon an der Kleidung oder den Schläfenlocken und Bart an. Orthodoxe Juden sind schnell zu erkennen, andere nur an ihrer Kippa. Es wurde schon viel Hebräisch gesprochen, was darauf hindeutete, dass viele Israelis auf dem Heimweg waren.

---

[1] Henryk M. Broder, Die Irren von Zion, 1999, dtv-Verlag

Viele Reisende hatten zusätzlich zu einer Tasche noch Tüten und Kartons als Handgepäck dabei. Es schien, dass es in Deutschland etliche Dinge gab, bei denen in Israel ein Mangel herrschen musste. Was dies im einzelnen war, blieb für mich im Dunkeln, da ich nicht nachfragte. Einige Kartons sahen aber so aus, als ob sie Elektrogeräte enthielten. Nüchtern betrachtet, glaube ich nicht, dass die Israelreisenden oder -heimkehrenden wirklich mehr Handgepäck hatten als die Passagiere anderer Fluggesellschaften, nur achtete ich hier mehr darauf. In jedem Karton könnte schließlich eine Bombe sein.

Ich trank noch einen Tee an einem Imbisswagen und endlich rückte die Boarding-Zeit näher. An Bord wurde vor dem Start auf einer Leinwand vorne ein Film mit Sicherheitsanweisungen gezeigt, und zwar in hebräischer Sprache mit englischen und arabischen Untertiteln. Die Fluggesellschaft El Al geht offensichtlich davon aus, dass, wer nach Israel fliegt, entweder Hebräisch, Arabisch oder Englisch spricht. Das Flugzeug rollte zur Landebahn, dann raste es los und hob ab und die Erde unter uns wurde immer schiefer. Da ich schon öfters geflogen bin, war mir diese Erfahrung nicht neu. Es ist aber immer wieder aufs Neue aufregend, vom Erdboden abzuheben.

Nachdem wir immer höher aufstiegen und sich die erste Gewöhnung einstellte, trat die Vorfreude auf das kommende Essen in den Vordergrund. Zunächst wurden Getränke gereicht, dann fing das Bordpersonal an, die Wagen vorzufahren und Essen zu verteilen. Ich hatte vegetarisches Essen bestellt. Das Reisebüro hatte meinen Wunsch aber offenbar nicht weitergegeben, denn El Al wusste von nichts, was aber nicht tragisch war, denn es gab auch so genug zu essen: Mixed Pickles Salat, Humus und Avocadomus, Pitabrot, Orangensaft, Walnusskuchen, Kaffee, Wasser. Das Fleisch ließ ich einfach weg. Außerdem war ein Steward sehr nett oder ich musste auf ihn den Eindruck gemacht haben, nahe am Verhungern zu sein, denn etwas später kam er nochmals mit zwei Packungen Salat und Humus zu mir, die ich aber beim besten Willen nicht mehr schaffte.

Nach dem Essen las ich weiter in dem Broder-Buch und prägte mir einige interessante Begriffe und Redewendungen ein:

Ejn baja	=	kein Problem
Jesch lanu baja	=	Da haben wir ein Problem.
Kibalti schock	=	Ich habe einen Schock bekommen.
Jesch li trauma	=	Ich habe ein Trauma erlitten.
Am echad	=	ein Volk.

Ich habe nicht geglaubt, dass solche Vokabeln für den touristischen Alltag in Israel notwendig sind. Ich dachte eher an Hebräisch light, wie beispielsweise:

Boker tow	=	*Guten Morgen*
Jom tow	=	*Guten Tag*
Erew tow	=	*Guten Abend*
Shalom	=	*Guten Tag, auf Wiedersehen, Frieden*
Todah rabah!	=	*Vielen Dank!*
Bewakascha!	=	*Bitte!*
Ani gara...	=	*Ich wohne......*

schmi..	=	*Ich bin ......*
nachon	=	*richtig*
ken	=	*ja*
lo	=	*nein*
Chuzpe	=	*Frechheit*
kadima	=	*vorwärts*
effo?	=	*Wo?*

und ganz wichtig für mich mit meiner Pennälerblase:
Effo scherutim?   = *Wo sind die Toiletten?*

Aber, vorsichtshalber prägte ich mir den Broder´schen Wortschatz ein. Wer weiß, wozu ich diese Begriffe noch werde brauchen können. Später stellte sich heraus, dass „Ejn baja" durchaus häufig seine Anwendung fand, zum Beispiel, wenn ein akzeptabler Wunsch (in Englisch) an mich herangetragen wurde, konnte ich nicht ohne Stolz - der Landessprache kundig - antworten „Ejn baja".

Der Flug war ruhig und nach etwas über vier Stunden befanden wir uns im Landeanflug auf den Ben-Gurion-Flughafen in Lod bei Tel Aviv. Am Ben-Gurion-Flughafen wurden keine weiteren Fragen bei der Ankunft gestellt. Ich ging durch die Passkontrolle und konnte danach mein Gepäck vom Gepäckband abholen und dann den Ankunftsbereich verlassen und den Besucherbereich betreten.

Maxi hatte mich sofort entdeckt und kam auf mich zu. Ich konnte ihn zunächst nicht ausfindig machen, was wohl an der unterschiedlichen Perspektive lag: Die Ankommenden werden von der großen Menge der Wartenden überwältigt, wogegen diese selber nur in die Richtung schauen müssen,

aus der die gerade Gelandeten die Sperren durchlaufen.
Dann aber sah ich sein glatzköpfiges, lächelndes Gesicht.
Wir verließen das Flughafengebäude, an dem von außen
in großer hebräischer Schrift steht:

Bruchim haba´im LeJisrael!

- was soviel bedeutet wie: *Willkommen in Israel!*

Erste Eindrücke in und außerhalb von Tel Aviv

Draußen kam mir eine angenehme Wärme entgegen. Wir sind zu Maxis Auto gegangen, haben das Gepäck eingeladen und sind nach Tel Aviv gefahren und haben als erstes eine kleine Stadtrundfahrt gemacht. Maxi ist Anfang Fünfzig und arbeitet als Ingenieur. Er ist verschlossen, wenn es um persönliche Gefühle geht, hat aber eine Fähigkeit, auf andere Menschen zuzugehen und strahlt Verlässlichkeit und Humor, aber auch etwas Abgeklärtes aus. Ich fühle mich in seiner Gesellschaft sicher und freue mich, dass wir befreundet sind!

Kennengelernt hatten wir uns in Deutschland im Harz im Internationalen Haus Sonnenberg (IHS)[2] auf einer Tagung mit dem Thema: „Nach welchen Werten wollen wir leben, für welche Werte wollen wir streiten?" („Values worth living by, values worth fighting for") mit Teilnehmer/-innen aus 16 europäischen Ländern und Israel. Das war im Mai 2002. Maxi hielt einen Vortrag über die politisch angespannte Situation in Europa und Israel und zeigte im Anschluss einen Kurzfilm, der die Bedrohung durch Selbstmordattentäter veranschaulichte. Im Anschluss an diesen Film gab es eine sehr kontroverse Diskussion unter den Teilnehmern/-innen. Und genau das ist es, was den

---

[2] Der Sonnenberg-Kreis e. V. ist ein internationaler Mitgliederverein und eine internationale Bildungsstätte, Clausthaler Straße 11, 37444 St. Andreasberg, Deutschland,
Internet: http://www.sonnenberg-international.de,
E-Mail: info@sonnenberg-international.de

Geist des Sonnenberg-Kreises ausmacht: „Miteinander sprechen - Vorurteile überwinden - Sich verständigen - Verantwortlich handeln", lautet ein Motto des Vereins. Seit dieser Tagung im Mai 2002 sind wir befreundet.

Maxi versuchte mir die Situation in Israel mit einem Witz zu erklären:

Ein israelisches Ehepaar ging zu einem Rabbiner, da es sich scheiden lassen wollte. Der Rabbiner sprach zunächst mit dem Ehemann, um die Gründe der Zwietracht zu erfahren. Der Ehemann sagte: „Meine Frau kümmert sich nicht mehr um unsere Wohnung und wäscht nicht mehr meine Wäsche, und wenn ich nach Hause komme, gibt es nichts zu essen. Sie ist faul und ich bin ihr egal". Der Rabbiner sagte daraufhin: „Recht hast du, dich scheiden lassen zu wollen."

Dann rief er die Ehefrau herein, um auch von ihr die Gründe des Scheidungswunsches zu erfahren. Sie sagte: „Mein Mann kommt jeden Abend spät nach Hause, kümmert sich nicht mehr um die Familie. Seine Frau und die Kinder sind ihm egal geworden. Außerdem hat er eine Geliebte". Der Rabbiner meinte dann: „Du hast Recht, dich trennen zu wolllen".

Nachdem die Frau den Raum verlassen hatte, mischte sich die Frau des Rabbiners ein und sagte zu ihm: „Na höre mal, du hast dem Mann Recht gegeben und kurz danach auch der Frau. Das geht doch so nicht. Darauf entgegnete der Rabbiner: „Du hast Recht".

Dieser Witz war nach meinem Verständnis für Humor nicht lustig, ich schloss aber aus ihm, dass im Nahen Osten jede Position für sich betrachtet im Recht ist, und das macht es wohl insgesamt sehr schwierig, Lösungen zu finden.

Nun fuhren wir durch Tel Aviv an riesigen Gebäuden vorbei und Maxi erklärte mir das eine und andere Hochhaus und zeigte mir das Bürogebäude, in dem er arbeitet. Dann haben wir einen kurzen Abstecher zum Meer und nach Jaffa, der arabischen Altstadt, gemacht. Hier hat er mich zu einer Stelle geführt, von der man einen wunderschönen Ausblick auf das Meer und die Skyline nebst Strand von Tel Aviv hat. Anschließend hat er mich zu meinem Hotel in die Gordon Street gebracht. Das lag nur einige Minuten vom Strand entfernt; ich habe es mir extra deswegen ausgesucht, aber vor allem deswegen, weil es trotz der guten Lage in Strandnähe recht preiswert war.

Er ist dann zu sich nach Hause gefahren, war aber um 19 Uhr wieder da, um mit mir gemeinsam zu einer Hochzeitsfeier nördlich von Herzliya nach Gash in einen Kibbuz zu fahren. Wir verließen Tel Aviv auf einer Schnellstraße in nördlicher Richtung und fuhren an Herzliya vorbei. Im Vorbeifahren sieht man auf einem großen Gebäude, einem Wasserreservoir, eine flache große Figur, ein Porträt von Theoder Herzl (1860 – 1904), der Schriftsteller und Begründer des Zionismus[3] war und der in seinem utopischen

---

[3] Zionismus = Jüdische Nationalbewegung des 19. Jahrhunderts, die sich für den Aufbau eines jüdischen Staates, bevorzugt in der ehem. Heimat, in Palästina einsetzte. Der Zionismus bildete die Grundlage für die Schaffung des jüdischen Staates Israel im Jahre 1948. Ein berühmtes Zitat Herzls (des Begründers des Z.) war: „Wenn ihr wollt, ist es kein Märchen."

Roman „Altneuland" (1902) den zukünftigen jüdischen Staat beschrieb.

Hochzeitsfeier im Kibbuz Gash

Der Veranstaltungsort in dem die Heirat stattfand, hieß „Stoa". Es war ein riesiges, vollklimatisiertes Gebäude, in das man erst nach einer Kontrolle durch den Sicherheitsmann hineinkam. Als wir durch die Eingangstür gingen, kam uns kühle Luft entgegen, was ich als unangenehm empfand, da ich die Wärme in Israel sehr genoss. Schon im Auto war die Klimanlage auf vollen Touren und ich fing an zu frieren, worauf Maxi sie etwas herunterdrehte. Klimaanlagen scheinen hier in Israel – wie ich es auch aus Indien kenne – etwas sehr Wichtiges zu sein, allerdings kann man auch damit übertreiben.

Wir, ich fröstelnd, gingen in das Gebäude hinein. Es kamen ca. dreihundert Hochzeitsgäste. Überall war ein Gewimmel von Leuten. Maxi stellte mich einigen Arbeitskollegen und Freunden vor. Die Bedienung lief mit Tabletts, auf denen kulinarische Leckerbissen lagen, zwischen den Gästen hin und her und es gab diverse Getränke an verschiedenen Bars. Am besten schmeckte mir frischgepresste Grapefruit- und Zitronenlimonade, mit Eisstücken und einem Pfefferminzeblatt. Ein wichtiger Satz, den ich heute lernte, war:
„Ani roza limonada im kirach" -
Ich möchte Limonade mit Eisstücken.
Das „ach" von kirach betonen und schön in der Kehle kratzen lassen beim Aussprechen.

Jetzt war ich unabhängig und konnte ohne Maxis Hilfe auf Hebräisch bestellen. Die Räumlichkeiten waren schön geschmückt und sehr weitläufig. Ich war sehr beeindruckt. Später fiel mir sogar auf, dass ich gar nicht mehr fror. Ich hatte mich an die Temperatur im Stoa gewöhnt.

Gegen 21 Uhr sollte die Hochzeitszeremonie in einem riesigen Raum stattfinden. Vorher konnten wir diesen Raum nicht sehen, da die Sicht darauf mit einem riesigen Vorhang versperrt war. Ich war deshalb, wie viele andere wohl auch, sehr überrascht, als die Sicht auf den Raum freigelegt wurde. Das war ein überwältigender Anblick: Ein riesiger Saal in der eine große Chuppa[4] aufgebaut war, lag plötzlich vor uns. Das Brautpaar - beide zwischen Anfang bis Mitte Zwanzig - begab sich mit dem Rabbiner und mehreren Freunden oder Angehörigen und Trauzeugen unter die Chuppa. Eine Menge Fotografen und die ganzen Gäste blieben in der Nähe der Chuppa stehen. Nun begann die Hochzeitszeremonie, in deren Verlauf der Rabbiner, mit Mikrofon in der Hand, ein Gebet sprach. Etwas später zertrat der Bräutigam ein in Papier oder Stoff eingewickeltes Glas. Das hat wohl dieselbe Bedeutung wie bei uns die Volksweisheit „Scherben bringen Glück", oder diese Weisheit verdankt ihre Entstehung genau dieser Tradition. Auch im Christentum gibt es einen ähnlichen Brauch, den sog. Polterabend, auf dem altes Geschirr zerschlagen wird. Außerdem habe ich erfahren, dass auch Moslems auf Hochzeiten Teller an die Wand werfen, weil das Glück bringen soll. Die verschiedenen Religionen sind sich - trotzt aller Streitigkeiten - oft sehr nah. Rings herum hörte man nun

---

[4] Chuppa = Traubaldachin

die aufleuchtenden Blitze der Kameras. Ich fotografierte auch, leider sind meine Aufnahmen von dem Paar in der Chuppa zu dunkel geworden.

Im Anschluss an die Feierlichkeiten mit dem Rabbiner gab es ein großes Essen. An diversen Buffetts konnte man sich bedienen. Dann saßen wir mit Arbeitskollegen und Bekannten von Maxi an einem Tisch zusammen und haben es uns schmecken lassen. Der Unterhaltung konnte ich mangels ausreichender Hebräisch-Kenntnisse nicht folgen, unterhielt mich aber in Englisch. Gegen 23 Uhr sind wir mit dem Auto zurückgefahren und Maxi hat mich am Hotel abgesetzt.

Die Klimanlage in dem Veranstaltungsort fand ich - wie schon erwähnt – anfangs sehr ungemütlich. Auch mein Hotelzimmer war klimatisiert und viel zu kalt. Ich flüchtete deshalb wieder aus meinem Zimmer und bin in der warmen Luft noch etwas spazieren gegangen. Die Israelis übertreiben mit ihren Klimanlagen oder, wie es vielleicht Obelix, der berühmte Gallier, formulieren würde: „Die spinnen, die Israelis".

Rabin Square und City Hall

Am nächsten Tag ging ich nachmittags im Stadtviertel von Tel Aviv, in dem ich wohnte, spazieren, lief die Gordon Street in östlicher Richtung bis zum Rabin Square hinunter, an dem sich die City Hall befindet. Auf dem Rabin Square befand sich eine Vielzahl bunter Bänke, jede war von Künstlern anders gestaltet und angemalt, es sah sehr beeindruckend aus. Sie erinnerten mich von der Idee her an die Buddy Bears aus Berlin; diese Bänke waren allerdings vielseitiger, denn sie waren nicht nur angemalt, sondern sie wurden auch in ihrer Form verändert und so waren richtige Kunstwerke entstanden. Leider wurden die Bänke am Rabin Sqare schon vor Mitte September wieder abgebaut; offenbar war diese Kunstaktion nur von kurzer Dauer. Die Jerusalemer bevorzugen im Vergleich zu den Bänken in Tel Aviv und den Buddy Bears in Berlin – wie ich einige Tage später feststellte – bunte Löwen.

In der 69 IBN Gavirol Street befindet sich die City Hall. Sie hat eine Höhe von 52 m, vierzehn Etagen und wurde im Jahre 1966 erbaut. Geht man die Treppe zur City Hall hinauf, muss man zunächst eine Sicherheitskontrolle passieren, um zum Eingangsbereich der City Hall durchgelassen zu werden. Ein Sicherheitsbeamter schaute und wühlte in meinem Rucksack herum. Das war nicht ungewöhnlich für mich, da ich das aus der jüdischen Gemeinde und einigen anderen Orten in Berlin schon gewöhnt war. Die Kontrollen sind leider nötig, da es immer wieder vorgekommen ist, dass Selbstmordattentäter eine Bombe in ein Restaurant, Café oder andere Einrichtung hineinbringen konnten.

Auf der ersten Etage befinden sich die Touristeninformation, einige Postschalter, diverse andere Service-Schalter, vor denen ein reger Andrang herrschte. In Deutschland sucht man im Rathaus Zimmer auf, aber anscheinend geht man in Israel an Schalter, wenn man von der Behörde etwas möchte. Es gab außerdem ein Minicafé auf dieser Etage. Am Informationsschalter besorgte ich mir einige

Stadtinformationen. So erfuhr ich von der Führung jeden Mittwoch um 9.30 Uhr in Jaffa, Treffpunkt am Clock Tower. An einem der Postschalter besorgte ich mir noch eine Telefonkarte und Briefmarken. Das sind eigentlich alles normale Erledigungen; in einem fremden Land, mit einer anderen Sprache und dem anderen, für mich neuen Geld ist es aber erst einmal anstrengend, sich zu organisieren. Zum Glück sprachen die meisten Englisch und – ejn baja – ich hatte kein Problem.

Dicht neben der City Hall befindet sich eine Gedenkstelle für Jizchak Rabin, der hier am 4.11.1995 nach einer Friedenskundgebung („The Tel Aviv Peace Rally") von dem damals 27jährigen jüdischen Extremisten Jigal Amir ermordet wurde. In dem Eingangsbereich der City Hall in der ersten Etage hängt eine große Tafel mit der letzten beeindruckenden Rede von Jizchak Rabin in hebräischer, arabischer und englischer Sprache. Die englische Version habe ich abfotografiert und eine Abschrift befindet sich im Anhang. Hier ist meine deutsche Übersetzung:

„Die letzte Rede

Erlauben Sie mir zu sagen, dass ich tief bewegt bin. Ich möchte jedem einzelnen von Ihnen danken, dass Sie heute hierher gekommen sind, um Position gegen Gewalt und für Frieden zu beziehen. Diese Regierung, der ich zusammen mit meinem Freund Shimon Peres vorstehen darf, entschied sich dafür, dem Frieden eine Chance zu geben. Einem Frieden, der die meisten Probleme Israels lösen wird. Ich war 27 Jahre lang ein Mann des Militärs. Ich habe solange

25

gekämpft, solange es keine Chance für Frieden gab. Heute glaube ich, dass es Aussichten für Frieden gibt. Ich glaube, dass jetzt eine Chance für Frieden gekommen ist, eine große Chance. Wir müssen diesen Vorteil nutzen, denen zuliebe, die heute hier stehen, und auch denen zuliebe, die heute hier nicht stehen. Und, es sind viele aus unserem Volk.

Ich habe immer geglaubt, dass die Mehrheit des Volkes Frieden will und vorbereitet dafür ist, für den Frieden Risiken einzugehen. Und Sie hier, die Sie sichtbar auf dieser Kundgebung sind, überprüfen Sie es zusammen mit den vielen, die heute nicht gekommen sind, nämlich, dass das Volk wirklich Frieden wünscht und sich der Gewalt widersetzt. Gewalt unterminiert alle Grundlagen der israelischen Demokratie. Sie muss verurteilt, angeprangert und isoliert werden. Das ist nicht die Art und Weise des Staates Israel.

In einer Demokratie mag es Kontroversen geben, aber die Entscheidung muss durch demokratische Wahlen erreicht werden, genau, wie es 1992 passierte, als uns das Mandat gegeben wurde, dass zu tun, was wir tun und fortzufahren, es zu tun.

Ich möchte von hier dem Präsidenten von Ägypten, dem König von Jordanien und dem König von Marokko danken, deren Repräsentanten gegenwärtig hier sind und uns ihre Partnerschaft auf dem Marsch zum Frieden übermitteln. Aber, vor allem hat das israelische Volk, welches in den drei Jahren, in denen diese Regierung im Amt ist, bewiesen, dass der Frieden erreichbar ist, ein Frieden, der die Gelegenheit für eine fortschrittliche Gesellschaft und Wirtschaft nutzen wird. Frieden existiert an erster

Stelle und herausragend in unseren Gebeten, aber nicht nur in Gebeten. Frieden ist, wonach das jüdische Volk strebt, ein wahres Streben.

Frieden bringt auch Schwierigkeiten mit sich, sogar Schmerzen. Israel kennt keinen Weg getrennt von Schmerzen. Aber der Pfad des Friedens ist dem Pfad des Krieges vorzuziehen. Ich sage das zu Ihnen, als ein Mann des Militärs und ein Verteidigungsminister, und der die Schmerzen der Familien der IDF-Soldaten gesehen hat. Es ist ihnen zuliebe und unseren Kindern und Enkelkindern zuliebe, dass ich möchte, dass diese Regierung jede Anstrengung unternimmt, jede Gelegenheit ausschöpft, für einen umfassenden Frieden zu werben und ihn zu erreichen. Diese Kundgebung muss eine Botschaft an die israelische Öffentlichkeit senden, an die jüdischen Gemeinden auf der ganzen Welt, zu vielen vielen in der arabischen Welt und in der gesamten Welt, dass die Menschen in Israel Frieden wollen, Frieden unterstützen, und hierfür danke ich Ihnen sehr."

Von Marina Tel Aviv bis Jaffa

Das Frühstück morgens im Hotel war prima. Die Apfelmarmelade mochte ich sofort und ganz besonders interessant war der Karamellaufstrich; Maxi nannte ihn Milchhonig. Der schmeckt so wie polnischer Kuhbonbon, aber nicht zum Kauen, sondern streichfertig. Den mochte ich besonders gerne und ich nahm mir vor, für die Rückreise diesen Karamellaufstrich unbedingt mit nach Deutschland zu nehmen.

Marina

Kurz nach 9 Uhr war Maxi da. Er kam mit einem Motorrad, öffnete die Klappe am Gepäckkasten und reichte mir einen Helm. Ich setzte mich hinter ihn und dann sind wir zum Marina, dem Jachthafen, gefahren. Da ich Motorradfahren nicht gewohnt bin, wurde mir einige Male recht mulmig, immer dann, wenn er sehr schnell fuhr. Ich klammerte mich dann von hinten an ihm fest, was ihn zum Grinsen veranlasste. Wir kamen wenig später am Marina an, durchfuhren die Eingangsschranke und stellten das Motorrad vor seinem Segelclub „Challenge" (auf Hebräisch „Etgarim") ab, einem Sportverein, der mit Behinderten und Blinden segelt. Challenge heißt bekanntlich Herausforderung, Schwierigkeit, lockende Aufgabe oder auch Problem. Na, also: „Jesch lanu baja!"[5]. Wie der Autor H. M. Broder in seinem schon eingangs erwähnten Buch beschrieb, lieben die Israelis Probleme, die gelöst werden wollen. Hier also war der erste Beweis für diese Behauptung.

---

[5] siehe hebr. Vokabeln im Kapitel "Flug mit El Al"

Im Challenge bzw. Etgarim trafen wir auf Segelfreunde von Maxi. Es fand eine rege Unterhaltung statt. Ich verstand zwar nicht viel, ahnte aber schon, dass aus der Bootspartie nichts werden würde, da ich das aufgewühlte Meer natürlich nicht übersehen hatte. Der Wellengang war heute zu hoch, so dass Segelschiffe leider nicht auslaufen konnten. Wir tranken einen Kaffee, zogen uns dann um, um zum Meer vorzulaufen und baden zu gehen.

Jaffa

Anschließend sind Maxi und ich mit dem Motorrad nach Jaffa gefahren. Ich musste zeitweise den Helm festhalten, da er während der Fahrt verrutschte. Rechts von uns flog das Meer vorbei; das war berauschend. In Jaffa angekommen, haben wir vor einem großen arabischen Imbiss, der einen Straßenverkauf hatte, gehalten. Ein dort stehender Araber hatte aus meinem Akzent herausgehört, dass ich aus Deutschland komme, denn er hatte lange in Deutschland gelebt. Er schaute mich an und fragte mich mit einen Seitenblick auf Maxi provokativ: „Wie gefällt es dir hier in Palästina?" Da seine Stimme einen unangenehmen Unterton hatte, so, als ob er eine Konfrontation suchte, ließen wir uns auf die Unterhaltung nicht weiter ein. Ich sagte nur „Es gefällt mir hier sehr gut". Maxi hatte leckeres orientalisches Essen ausgewählt, und zwar orientalische Pizza mit Schafskäse und Oliven und eine andere mit einem Spiegelei. Wir sind dann weitergefahren und haben uns einen Platz in Jaffa gesucht mit einem schönen Ausblick auf das Meer und die Skyline von Tel Aviv. Dort saßen wir eine Weile, aßen die Pizza, tranken Cola und unterhielten uns, bis wir mittags zurückfuhren.

Neve Zedek

An einem anderen Tag traf ich Maxi und wir fuhren in südlicher Richtung nach Neve Zedek, das ist die jüdische Altstadt Tel Avis in der Nähe von Jaffa mit den in früheren Zeiten bedeutenden Straßen wie „Rehov[6] Herzl" und „Rehov Rothschild". Neve heißt Tal und Zedek heißt Gerichtsbarkeit und Gerechtigkeit. Neve Zedek bedeutet also in etwa „Tal der Gerechtigkeit oder Gerichtsbarkeit". In diesem Viertel waren viele Brautpaare mit ihren Fotografen unterwegs. Die Schönheit der jüdischen Altstadt scheint für diese eine beliebte Kulisse für ihre Brautfotos zu sein. Einige Tage später stellte ich das auch in Caesaria fest, denn auch in dieser kleinen Stadt nördlich von Tel Aviv fanden viele Hochzeitsfeiern statt und ließen sich Brautpaare von ihren Fotografen vor den dortigen römischen Ruinen fotografieren.

Dolphinarium

Eines Tages lief ich wieder zum Meer und in Richtung Jaffa immer am Strand entlang durch das Wasser und suchte das Dolphinarium. Ich entdeckte den großen Rundbau am Strand recht bald und auch das Denkmal für die einundzwanzig ermordeten Jugendlichen meist russischer Herkunft, die am 1. Juni 2001, kurz vor Mitternacht vor der Diskothek durch einen Selbstmordanschlag getötet wurden. Der Terrorist mischte sich unter die große Gruppe wartender Jugendlicher, die gerade anstanden, um Einlass in die Disco zu bekommen. Dann sprengte er sich in die

---

[6] Rehov = Hebr. Straße

Luft. Auch Besucher eines nahegelegenen Nachtclubs waren betroffen. Neben den Toten wurden ungefähr einhundertzwanzig Personen verletzt. Die hohe Anzahl der Toten und Verletzten kam zustande, da die explosive Bombe eine große Anzahl von metallischen Objekten, unter anderem Kugeln und Schrauben, enthielt.[7]

Die Gruppe "Islamischer Jihad" übernahm zunächst die Verantwortung für den Selbstmordanschlag, der laut der Jerusalem Post vom 4. Juni 2001 mit „Jubel in Ramallah und Teilen von Gaza begrüßt wurde, wo Menschen in den Straßen tanzten und Munition in die Luft schossen". Eine andere Gruppe, die sich „Hizbullah-Palestine" nennt, bekannte sich ebenfalls zu dem Anschlag, aber beide Bekundungen wurden später zurückgezogen. Beide Gruppen wie auch Hamas-Führer bezeichneten den Anschlag als legitimen Akt".[8] In Bezug auf die palästinensischen Behörden ist zu fragen, ob es ihnen nur an Mitteln und Macht oder vor allem am Willen fehlt, gegen diesen Terror vorzugehen. Und, wenn die palästinensischen Behörden es nicht tun, wer dann?

Auf einer Wiese vor dem Dolphinarium befindet sich der Gedenkstein, in dem die einundzwanzig Namen der getöteten Jugendlichen auf der einen Seite in russischer und auf der anderen Seite in hebräischer Schrift zu lesen sind. Dahinter befinden sich links und rechts von dem Gedenkstein zwei kleinere Steine mit jeweils einundzwanzig roten und weißen metallenen Rosen. Dort, wo die Metallrosen im

---

[7] Quelle: http://www.mfa.gov.il (MFA=Ministry of Foreign Affairs / Israel. Außenministerium), 01.06.01

[8] Quelle: Jerusalem Post Newspaper Online, 04.06.01

Stein befestigt sind, ist rote Farbe sichtbar. Hinter diesen Steinen befinden sich zwei Bänke, und an dem Zaun dahinter waren mehrere Zettel befestigt, die Texte in russischer Sprache enthielten. Vielleicht handelte es sich hierbei um Botschaften der Hinterbliebenen an die Ermordeten? Da ich kein Russisch kann, blieb der Inhalt der Zettel für mich ein Geheimnis.

Das MfA[9] veröffentlichte eine Liste der einundzwanzig Toten: „17 Menschen wurden durch einen Selbstmordanschlag sofort getötet und vier starben anschließend an ihren Verletzungen. Die Namen der 21 Opfer sind: [10]
Jan Bloom, 25, Ramat Gan *(gest. 3. Juni)*
Marina Berkovizki, 17, Tel Aviv
Roman Dezanshvili, 21, Bat Yam
Yevgenia Haya Dorfman, 15, Bat Yam *(gest. 19. Juni)*
Ilya Gutman, 19, Bat Yam
Anya Kazachkov, 16, Holon
Katherine Kastaniyada-Talkir, 15, Ramat Gan
Aleksei Lupalu, 16, Ukraine
Mariana Medvedenko, 16, Tel Aviv
Irena Nepomneschi, 16, Bat Yam
Yelena Nelimov, 18, Tel Aviv
Yulia Nelimov, 16, Tel Aviv
Raisa Nimrovsky, 15, Netanya
Pvt. Diez (Dani) Normanov, 21, Tel Aviv
Sergei Pancheskov, 20, Ukraine *(gest. 2. Juni)*
Simona Rodin, 18, Holon

---

[9] siehe Fußnote 7

[10] Originaltext: „17 people were killed immediately in the suicide bomb attack, and 4 died subsequently from their wounds. The names of the 21 victims are:"

Ori Shahar, 32, Ramat Gan
Liana Sakiyan, 16, Tel Aviv
Yael-Yulia Sklianik, 15, Holon *(gest. 2. Juni)*
Maria Tagilchev, 14, Netanya
Irena Usdachi, 18, Holon."

I. Z. L.-Museum

Ich lief weiter in Richtung Jaffa bis zum I. Z. L.-Museum[11], einem Museum der IDF, welches an die Befreiung von Jaffa erinnert. Einundvierzig Kämpfer der I. Z. L. (Irgun Zvai Leumi), einer nationalen Militärorganisation und auch jüdischen Untergrundorganisation, kamen bei der Eroberung von Jaffa ums Leben. In den Jahren von 1931 bis 1948 war die I. Z. L. in Palästina aktiv und übte gegen antijüdische terroristische Angriffe der Araber Vergeltung, auch rebellierte sie gegen das Britische Regime. In dem Museum wird der Gefallenen gedacht und von der Vergangenheit Jaffas und Tel Avis berichtet.

Altstadtführung in Jaffa

Einige Tage später bin ich morgens nach dem Frühstück von der Gordon Beach nach Jaffa den ganzen Strand hinuntergelaufen. Um 9.30 Uhr sollte für die, die an der Führung durch die Altstadt Jaffa teilnehmen wollten, der Treffpunkt an einem alten Uhrenturm, dem „Clock Tower", sein. Ich war die Erste am Treffpunkt, so dass ich genug Zeit hatte, mich umzuschauen.

---

[11] Museum of I. Z. L., 38 HaMelech George St. (am Strand), Tel Aviv. Geöffnet: So – Do 8.30 – 16.00 Uhr

Der Clock Tower in Jaffa hat folgende Inschrift:

„The Clock Tower was erected in 1906 to mark the 30th anniversary of the accession to the throne of the turkish sultan Abdul Hamid II. Similar Towers were also built in Jerusalem and Acre".[12]

Nach und nach fanden sich einige Leute am Clock Tower ein, die vermutlich – wie ich – an der Führung interessiert waren, und endlich kam auch Pol, die Frau, die uns durch Jaffa führen wollte. Unsere Gruppe bestand aus sechs Personen: Einem israelischen Ehepaar, einer Brasilianerin und ihrem israelischen Freund, Pol und mir. Ich habe mich in dieser Gruppe recht wohl gefühlt.

Pol war Anfang sechzig und Maxi sagte mir später, dass sie vor einigen Jahren mit auf einer Tagung in Deutschland im Internationalen Haus Sonnenberg[13] im Harz war. Sie führte uns zweieinhalb Stunden durch Jaffa, auch über den Flohmarkt, auf dem ich mir endlich einen Sonnenhut kaufte, denn die Sonne machte mir sehr zu schaffen. Wir besuchten eine Gallerie, in der metallene Kunstwerke gezeigt und zum Verkauf angeboten wurden. Es gab eindrucksvolle Figuren von Tieren (Kamele, Affen), bekannten Menschen (Sigmund Freud, Rembrandt) und Darstellungen von Jerusalem und mehr. Etwas kitschig fand ich eine Menorah[14], an deren Standbein, links und rechts sich jeweils ein Löwe - auf zwei Beinen stehend - aufrichtete, und seine Tatzen gegen die Menorah lehnte, d.h. es sah aus, als ob die beiden

---

[12] Der Uhrenturm wurde 1906 errichtet, um an den 30. Jahrestag der Machtergreifung des türkischen Sultans Abdul Hamid II. zu erinnern. Ähnliche Türme wurden auch in Jerusalem und Akko gebaut.

[13] Siehe Fußnote 2

Löwen die Menorah festhielten und stützten. Diese Darstellung der Menorah als Lebens- und Lichterbaum, von einem Löwenpaar bewacht, ist – nach einem Blick in das „Neue Lexikon des Judentums", von Julius H. Schoeps - ein häufiges Motiv in der jüdischen Kunst der Spätantike.

Pol erzählte uns einiges zu Jaffas Geschichte. Wir hörten, dass Jaffa oft erobert wurde: Von Ramses, dem ägyptischen Pharao, von den Ottomanen (Türken), Tempelrittern (Deutsche), Arabern und dann von den Juden. Auch Napoleon kam hier an, was man noch heute an mehreren ungefähr 1,75 m hohen schmalen Napoleon-Figuren erkennen kann. Die lebensgroße Figur eines Sikhs[15] weist aber wohl nur auf das indische Restaurant neben ihm hin, welches sich auch in Jaffa befindet. Jedenfalls wurden Inder als Eroberer von Pol nicht erwähnt. Allerdings gibt es auch in Israel Spuren, dass Inder hier – wie auch sonstwo auf der Welt - auf einer anderen, eher spirituellen Ebene wirken und ihre Spuren hinterlassen. Darüber mehr in einem der nächsten Kapitel.

---

[14] Menorah: Siebenarmiger Leuchter, bestehend aus sechs Armen für Kerzen und einem zusätzlichen Arm für den Schamasch (= Diener), das ist eine extra Kerze, mit der man die anderen anzündet.

[15] Sikh = Anhänger einer indischen Religionsgemeinschaft, wie sie es heute noch gibt. Die Männer erkennt man an ihrem langem Haupt- und Barthaar. Das Haupthaar ist allerdings unter einem Turban versteckt. Traditionell tragen Sikhs auch Dolche.

Am Strand von Tel Aviv nahe Jaffa

Am Strand von Tel Aviv

Am Strand von Tel Aviv

Am Strand von Tel Aviv

Am Strand von Tel Aviv:
Gedenkstelle am Dolphinarium

Tel Aviv, Jaffa: Napoleon, Maxi

Tel Aviv, Jaffa: Ein Sikh, Autorin

Tel Aviv, Jaffa

Tel Aviv, Jaffa

Die Wüste Negev, das Tote Meer und Massada

Eines Morgens wurde ich gegen 8.15 Uhr aus dem Hotel von Maxi abgeholt. Wir machten uns mit seinem Auto auf den Weg zum Toten Meer, welches auf hebräisch Yam Ha Melah heißt. Es liegt genau an der israelisch-jordanischen Grenze. Wir verließen Tel Aviv in südlicher Richtung und fuhren bis Ashdod. Hier in der Nähe, nicht weit von uns entfernt, tauchte eine Kamelherde auf, die ich eine ganze Weile beobachtete. Immer wieder sahen wir beim Vorbeifahren an den Ortschaften die schlanken Türme von Moscheen in den Himmel ragen. Wir fuhren weiter über Qiryat Gat Richtung Be´er-Sheva durch die Wüste Negev bis zu einer Abzweigung auf der Höhe von Lehavim. Dann nahmen wir die Straße in westlicher Richtung über Arad bis nahe von Zomet HaArava und machten an einer Abzweigung Rast, an der für Auto- und Busfahrer mit Blick auf den südlichen Beginn des Toten Meeres eine Raststelle eingerichtet wurde. Die Aussicht von hier oben war überwältigend. Später fuhren wir in Richtung Sedom (von „Sodom and Gomorra")[16] und der vermeintlichen Salzsäule von Lot´s Frau. Auf meine gewagte Frage, wo genau die Salzsäule sei, zeigte Maxi auf die Berge und sagte „Choose one", also „Suche dir einen aus". Daraus schloss ich, dass er oder niemand

---

[16]„Sodom und Gommora: Kanaanitische Städte, die nach 1 Mose/ Genesis 19 wegen ihrer Sünden vernichtet wurden. Vielleicht am Südostufer des Toten Meeres gelegen, sind sie wahrscheinlich schon in der mittleren Bronzezeit durch eine Naturkatastrophe untergegangen. Beide Städte gelten als Symbol der Verruchtheit . In Judas 7 wird den Bewohnern Sodoms vorgeworfen, daß sie sogar mit den Engeln, die Lot besuchten, geschlechtlichen Umgang suchten." ....

so genau weiß, an welcher Stelle Lots Frau zur Salzsäule erstarrte. Irgendwo hier muss es aber gewesen sein.

Massada

Wir fuhren nun weiter durch die Wüste bis zu dem Berg und der Festung Massada an die Stelle, an der sich der östliche Eingang befindet. Diesen Berg hatte sich der jüdische König Herodes (37 – 4 v. Chr.) vor über 2000 Jahren wegen der isolierten Lage und Höhe als Sitz auserwählt. Wir erreichten ein riesiges Parkhaus, in dem wir unser Auto abstellten, gingen in den Eingangsbereich der Festung und besorgten uns Eintrittskarten. Als Erstes sahen wir in einem der Kinoräume einen kurzen Film zur Geschichte von Massada und der Geschichte des jüdischen Widerstandes gegen die Römer vor rund 2.000 Jahren (genauer: 66 – 73 n. Chr.). Als der zweite Tempel von den Römern zerstört wurde, flüchteten ca. 1.000 jüdische Frauen, Männer und Kinder nach Massada und lebten hier oben und leisteten drei Jahre lang von 70 bis 73 n. Chr. Widerstand gegen die Belagerung durch die ca. 15.000 römischen Söldner.

Als die Situation aufgrund der römischen Belagerung aussichtslos erschien, beschlossen die jüdischen Bewohner Massadas, den Freitod zu wählen, um den Römern nicht in die Hände zu fallen und dem Sklavenschicksal oder Schlimmerem zu entgehen. Sie wählten zehn Männer unter sich aus, die ihre Familien ermorden sollten. Dann

---

„Lot: Neffe Abrahams. Er wird mit seiner Familie als einziger vor der Vernichtung beim Untergang Sodoms bewahrt." (Aus: Die Gute Nachricht/ Die Bibel im heutigen Deutsch, Deutsche Bibelgesellschaft, 1982, S. 318 + S. 329)

wählten sie unter sich einen aus, der die anderen neun mit dem Schwert töten sollte. Dieser Letzte beging schließlich Selbstmord. Als die Römer die Festung einnahmen, muss sich ihnen ein grauenvoller Anblick geboten haben, da alle Bewohner von Massada tot vor ihnen lagen. Massada steht heute als ein Symbol für jüdischen Widerstand.

Nach Informationen des israelischen Fremdenverkehrsministeriums auf www.goisrael.com fanden 1964 unter der Leitung von Prof. Yigal Yadin Ausgrabungen statt, und die Ruinen von der Festung Massada wurden freigelegt. Später baute man eine Kabinenseilbahn bis zur Spitze des Berges, deren Kabinen noch im Jahr 2000 gegen größere ausgetauscht wurden, um dem Besucheransturm gerecht zu werden und möglichst viele Menschen hinauf- und hinunterfahren zu können. Leider bleiben auch hier – wie sonst in Israel – seit der zweiten Intifada und wegen der erhöhten Anschlagsgefahr ein Großteil der Touristen weg.

Nach dem Film fuhren wir mit dieser Kabinenseilbahn ganz nach oben zur Festung. Es ging sehr steil hinauf, und mir wurde beim Blick nach unten leicht mulmig. Meine Versuche zuvor, Maxi davon zu überzeugen, den Schlangenpfad (Fußweg) zu nehmen, schlugen fehl. Er meinte, der Fußweg dauere zu lange, und wir hatten noch einiges an diesem Tag vor. So fügte ich mich dem Schicksal, indem ich während der Fahrt nach oben die Augen schloss, in der Hoffnung, dass, wenn ich nichts sah, auch nichts passieren könnte.

Wir kamen oben heil an und liefen durch die Ruinen von Massada, die durch die Ausgrabungen sichtbar gemacht wurden. Die meisten dieser ursprünglichen Bauten, stammen aus der Zeit des jüdischen Königs Herodes und des zweiten Tempels. Nach ca. einer Stunde fuhren wir wieder mit der Kabinenseilbahn nach unten und verließen Massada.

Ejngedi

Die nächste Station war Ejngedi am Toten Meer. Hier befindet sich eine Badestelle. Der Strand bestand aus Steinen und war etwas unbequem zu begehen. Nun wollte ich endlich wissen, ob es stimmt, dass man sich auf das Wasser im Toten Meer legen kann, ohne unterzugehen. Und, tatsächlich trägt einen das salzige Nass, auf gewohnte Weise losschwimmen kann man hier aber nicht. Das Salzwasser brannte in Wunden und Schleimhäuten, und man muss sehr aufpassen, dass es nicht in die Augen gelangt. Deswegen gibt es die Empfehlung, sich in das Wasser zu setzen und dann auf den Rücken zu legen. Ich ließ es mir nicht nehmen, das Wasser des Toten Meeres zu kosten und ich glaube, ich habe noch nie im Leben so eine eklig salzige Flüssigkeit im Mund gehabt. Nachdem wir im Toten Meer lagen und uns mit unseren Armen rudernd fortbewegten, hatte ich nach einer Weile genug, zumal das Salzwasser immer noch unangenehm brannte. Als wir aus dem Wasser kamen, hatte man auf der Haut das Gefühl, eingeölt worden zu sein. Es soll ja gesund sein, das Wasser des Toten Meeres; mir gefällt das Wasser des Mittelmeeres aber viel besser.

Chaverim

Nachdem wir hier genug gebadet hatten, stiegen wir wieder ins Auto und fuhren zu einer besonderen Stelle in die Berge des Negev. Das besondere an diesen Bergen waren die vom Wind eingearbeiteten Formen, die aussehen wie Burgen und in Stein gehauene Gebilde. Es entsteht der Eindruck, sie seien von Menschenhand so gemacht worden. Tatsache aber ist, dass es sich um natürliche Felsformationen handelt, und dass es allein der Wind und das Wetter waren, die die Berge dermaßen formten. Ein sehenswertes Naturdenkmal! Maxi hat die Berge als Chaverim bezeichnet, was im Hebräischen „Freunde" bedeutet. Ob die Berge wirklich so heißen, oder ob er sich den Namen ausgedacht hat, blieb für mich ein Geheimnis.

Sedom

Wir setzten unsere Fahrt am Toten Meer fort und fuhren nach Sedom an eine Badestelle, die einen Sandstrand hatte. Dort waren wir nochmals im Wasser, weil: Doppelt hält besser! – und ich dachte: Wer weiß, wann wir wieder ans Tote Meer werden kommen können. Sedom ist ein Kurort und es befinden sich hier einige Hotels. Da Maxi sich hier auskennt, konnten wir unbemerkt in den nur für die Hotelgäste bestimmten Badebereich des Hotels, bestehend aus Whirlpool, Salzwasserbecken, einen Schwimmbecken und Liegewiese, gelangen. Auch hier gingen wir in die Salzwasserbecken, in denen man - wie im Toten Meer - auf dem Rücken liegen konnte. Wir genossen den Aufenthalt im Hotel und fühlten uns in die Jugendzeit zurückversetzt.

In jener Zeit hatte ich mit damaligen Freunden/-innen auch solche Aktionen unternommen, wie in Berlin nachts über den Zaun eines städtischen Schwimmbads klettern und nackt – da keine Badekleidung dabei - bei Mondenschein zu schwimmen. Zum Glück blieben wir damals wie heute unentdeckt.

Massada

Massada, im Hintergrund das Tote Meer

Das Gleichnis mit der Fischgräte

Gegen Abend fuhren wir zurück nach Tel Aviv und kehrten in das Fischrestaurant Barbonia in der Ben Yehuda Street ein. Die Tische waren innen wie außen bis auf einige, die noch frei waren, gut besetzt. Wir fanden außen noch einen freien Tisch und setzten uns. Da ich noch nicht lange in Eretz Israel[17] war und die schrecklichen Selbstmordattentatsmeldungen in meinem Kopf herumschwirrten, stellte ich unangenehm berührt fest, dass dieses Restaurant kein Sicherheitspersonal am Eingang hatte. Ich beobachtete etwas unruhig die Gäste, die hinein- und hinausgingen. Dies hatte dann zur Folge, dass ich nicht mit der nötigen Sorgfalt auf den Fisch mit den vielen Gräten auf meinem Teller achtete und plötzlich eine Fischgräte verschluckte, mit der ich noch viele Stunden zu kämpfen hatte, bis sie endlich aufhörte, mich in der Speiseröhre zu pieken.

Dieses Missgeschick hatte aber auch seine eigene Komik, denn mir war so, als ob mich mein Meister Osho[18] „besuchte" und mir sagen wollte: „Be aware! Be here and now".[19]

In meiner Beunruhigung, dass wir und die Restaurantgäste einem Selbstmordattentäter zum Opfer fallen könnten, beobachte ich den Eingang des Restaurants mehr als mein

---

[17] Eretz Israel = Palästina, Land Israel

[18] Osho, auch Bhagwan Shree Rajneesh genannt = Indischer Mystiker, 1931 – 1990. Er lehrte Meditation und Selbsterfahrung, Bewußtheit, im Hier & Jetzt zu leben. Sich in Gedanken an die Vergangenheit zu klammern oder von der Zukunft zu träumen, hält uns davon ab, bewusst die Gegenwart wahrzunehmen und zu leben. „Tomorrow never comes." sagte Osho.

[19] „Sei bewusst, sei im Hier und Jetzt".

Essen auf dem Teller. Und auf diesem lag ein Fisch voller spitzer Gräten. Die größere Gefahr im Moment war in der Tat die, an einer Gräte zu ersticken. Ich aber war abgelenkt und so ist es dann beinahe passiert.

Bereits tags zuvor „lief" mir mein indischer Meister in der Ben Yehuda Street Nr. 42 über den Weg. Ich traute meinen Augen nicht, als ich in das Schaufenster des dortigen Fotogeschäfts schaute, dort hing ein großes farbiges Foto von Osho. Da war bereits so ein Gefühl in mir, dass Osho präsent war, und ich hätte jetzt nirgendwo anders sein wollen als hier in Israel, in Tel Aviv. Wenn ich dieses Gefühl habe, weiß ich, auf dem richtigen, meinem Weg zu sein. Bhagwan (Osho) hatte mir die Worte „Follow your feelings" 1980 mit auf meinen inneren Weg gegeben. Dass mir nun hier in Tel Aviv Osho „begegnete", war eben ein gutes Zeichen.

Als es mir wieder etwas besser ging, da die Gräte sich bewegt hatte und in der Speiseröhre nach unten gewandert war, schlug ich für die Zeitungsmeldungen des nächsten Tages dann folgende Schlagzeile vor: „Normal death in Israel still possible: Woman died of fishbone" / „Ein normaler Tod ist auch in Israel noch möglich: Eine Frau starb an einer Fischgräte". Da mein Vorschlag für die Zeitungs-Schlagzeile unter uns blieb und ich glücklicherweise den Fisch überlebte, las man dergleichen am nächsten Tag in keiner Tel Aviver Tageszeitung. Das war mir eigentlich auch ganz recht so. Seit diesem Vorfall wurde ich etwas gelassener.

Tel Aviv, Fotoladen, Ben Yehuda Street 42:
Indischer Meister: Osho (Bhagwan Shree Rajneesh)

Die Situation in Israel ist anders

Eretz Israel Museum

An einem Dienstag Vormittag war ich im Eretz Israel Museum[20]. Es ist ein israelisches Landesmuseum. Die Ausstellung ist zum Teil in verschiedenen Austellungspavillons untergebracht. Es gibt Informationen und Ausstellungsgegenstände zu verschiedenen Themen wie Archäologie, Judaica, Ethnographie, Geschichte, Kultur und traditionelle Kunst und Handwerk. Es gibt den Keramikpavillon, den Kadman Numismatic Pavillon, der über die Geschichte von Münzen erzählt, den Glaspavillon, die Handwerksarkade, das Post- und Briefmarkenmuseum, das Mosaikfeld, ein Planetarium und vieles mehr. Alles befindet sich auf einem recht großen, parkähnlichen Gelände, so dass auch Spaziergänge inbegriffen sind, wenn man von einem zum anderen Gebäude läuft. Auf dem Gelände gibt es auch ein Restaurant und am Eingang befindet sich ein Geschenkeladen, in dem man Andenken erwerben kann.

Busfahren in Israel

Eigentlich wollte ich auch noch das Diaspora-Museum (Beit Hatefutsoth), welches sich in der Nähe des Eretz Israel Museums befindet, besuchen. Doch, da die Mittagshitze mich einholte, beschloss ich, zurückzufahren und lieber im Meer baden zu gehen.

---

[20] Eretz Israel Museum (Haaretz-Museum), 2, Haim Levanon St., Ramat Aviv, Tel Aviv 69975,
Internet: http://www.eimuseum.co.il

Als ich an der Bushaltestelle der Linie 24 im Norden Tel Avivs nahe des Universitätscampus neben einigen anderen wartete, war mir dabei allerdings unbehaglich zumute, denn es könnte ja sein, dass ein Selbstmordattentäter gerade unseren Bus auserwählen würde. Ich tröstete mich mit Gedanken wie dem, dass die Busse, die ich bisher sah, nur spärlich mit Fahrgästen besetzt waren und deshalb für potentielle Attentäter/-innen nicht so interessant sein dürften. Als dann der Bus kam, war dieser allerdings fast voll besetzt, und ich zögerte einen Moment und überlegte, ob ich da einsteigen sollte. Die Alternative wäre, eine Stunde in der Mittagshitze zurückzulaufen. Außerdem hatten die anderen sich ja auch getraut, ich stieg also ein.

Ich achtete hier im Bus mehr auf die Leute, als ich es in Berlin tun würde, guckte mir die Gesichter an und die Art der Kleidung. Ich achtete darauf, ob jemand für das warme Wetter zu dick angezogen war und wer Taschen bei sich hatte. Es könnte ja eine Bombe darunter oder darin sein. Im Notfall hätte uns diese Erkenntnis wahrscheinlich auch nichts mehr genützt. Ich fuhr bis zur City Hall (IBN Gavirol/ Bloch Street) am Rabin Sqare mit und war ganz froh, endlich aussteigen zu können.

Es ist schon schwer, mir vorzustellen, dass die Menschen, die hier leben, jeden Tag diesem Stress ausgesetzt sind. Sie müssen zur Schule, zur Arbeit oder Uni, und wer kein Auto hat, muss die öffentlichen Verkehrsmittel benutzen. Wie hält man das aus, ständig mit der Angst zu leben?

Zwei Monate später - im Herbst 2003 - waren auf Einladung der BVG, das sind die öffentlichen Verkehrsbetriebe in

Berlin, einige Busfahrer aus Tel Aviv und Witwen von Busfahrern, die einem Selbstmordanschlag zum Opfer fielen, in Berlin zu Besuch. Die BVG hatte Kontakt zu Histadrut, dem Dachverband der israelischen Gewerkschaften und zu Dan, der Tel Aviver Verkehrsgesellschaft, aufgenommen. „Die BVG drückt den israelischen Busfahrern ihre Solidarität aus, die jeden Tag mit Gefahren und Schwierigkeiten konfrontiert werden", so David Levy von Histadrut in einem Bericht unter dem Titel „Israelische Busfahrer in Berlin – Sie fahren mit dem Schmerz" vom 14.11.2003, www.nahost-politik.de.

Einkaufen in Israel

Ich lief über den Rabin Square in die Gordon Street zum Hotel in mein Zimmer, und das Erste was ich tat war, mich unter die Dusche zu stellen und wegen der Hitze abzukühlen. Ich ging dann zum Meer baden. Anschließend machte ich in der Ben Yehuda Street einen kleinen Einkaufsbummel. „Sie kommen gerade in der gefährlichsten Zeit", sagte die Schmuckverkäuferin, in deren Laden ich mir Ketten anschaute und eine Silberkette mit einer kleinen Menorah auswählte. Später war ich in einem Laden in der Ben Yehuda/ Ecke Gordon Street, der Haushaltswaren und Kleidung anbot, suchte mir ein paar Küchenhandtücher aus, die mir gefielen. Es waren besondere für die koschere[21] Küche:

---

[21] Koscher = Rein, unbedenklich, bestimmten Reinheitsgeboten folgend. In der traditionell jüdischen Küche werden Fleisch- und Milchspeisen getrennt zubereitet. Man darf auch nicht die selben Töpfe benutzen. Es gibt viele Regeln darüber, was koscher ist und was nicht, nachzulesen in dem Nachschlagewerk: „Neues Lexikon des Judentums, Julius H. Schoeps, Gütersloher Verlagshaus, 2000.

Rotstreifige für fleischige Speisen und blaustreifige für milchige Speisen. Ich lebe zwar nicht nach diesen Regeln, die Küchenhandtücher gefielen mir aber sehr gut, denn sie fühlten sich sehr angenehm an und waren mit hebräischen Buchstaben beschriftet. Auf den blauen Streifen stand Chalav (hebr. Milch) und auf den roten stand Bashar (hebr. Fleisch).

Die Verkäuferin – eine alte Dame – fragte mich dann etwas, das konnte ich aber nicht verstehen. An meinem Akzent erkannte sie wohl, dass ich aus Deutschland komme. Sie schaute mich an und sagte plötzlich auf deutsch „Schürze". Sie wollte sagen, dass es hierzu auch Schürzen gäbe und meinte, dass sie österreichische Vorfahren habe. Mehr sagte sie aber nicht und ich hatte den Eindruck, dass es ihr unangenehm war oder es für sie ungewohnt war, Deutsch zu sprechen. Wahrscheinlich hatte die alte Frau die Verfolgung der Nazizeit als Kind noch am eigenen Leibe erfahren müssen, so dass die deutsche Sprache für sie negativ besetzt war. Oder sie hatte einfach nicht viel Gelegenheit, Deutsch zu sprechen, und es fiel ihr deshalb schwer. Ich wusste die Antwort nicht, fragte auch nicht nach.

Ich verließ das Geschäft und überquerte die Ben Yehuda Street zur anderen Straßenseite und steuerte einem großen Supermarkt an. Am Eingang standen zwei Sicherheitsbeamte, die jede/n Besucher/-in checkten, besonders die Rucksäcke. Auch diese normale Alltagssituation – in einem Supermarkt einkaufen zu gehen – war in Israel anders. Ich beeilte mich mehr als ich es in Berlin machen würde, um nicht unnötig lange im Laden zu bleiben. Anschließend machte ich mir im Hotel in der Gemeinschaftsküche einen Salat. Dort waren auch andere Gäste und eine Frau erzählte, dass ihr Freund einmal ganz in der Nähe war, als es einen Bombenanschlag auf einen Supermarkt gab. Er hatte aber Glück. Eigentlich hatte er schon vor der Schlange an der Sicherheitskontrolle des Supermarktes gestanden, ging dann aber wieder weg, um zu telefonieren und lief dabei die Straße hinunter. Da hatte es dann hinter ihm gekracht. Ihm war nichts passiert.

Ich lief später wieder zum Meer und setzte mich kurz vor 19 Uhr in den Sand. Ich bewunderte den rötlich-orang-verfärbten Himmel und den Sonnenuntergang, bis die Sonne im Meer verschwand. Das war ein überwältigender Eindruck.

Selbstmordanschläge in Israel

Abends erfuhr ich, dass an diesem Tag zwei Selbstmordanschläge in Israel verübt wurden, einer bei Tel Aviv und einer in Jerusalem. Bei Tel Aviv sprengte sich eine Attentäterin inmitten einer Gruppe Soldaten an einer Bushaltestelle in die Luft und in Jerusalem wurde in der Deutschen Kolonie ein Anschlag auf das Café Hillel verübt. Es kamen bei beiden Anschlägen mindestens 15 Menschen ums Leben. In Jerusalem war unter den Toten der 50jährige amerikanische Arzt David Applebaum, Chefarzt des Schaare-Zedek-Unfallkrankenhauses, der seit Jahren Opfer der Bombenattentate operierte und versorgte, und seine 20jährige Tochter Nava, die am nächsten Tag heiraten wollte. Der Arzt kam wegen der bevorstehenden Heirat seiner Tochter gerade aus

Amerika zurück. Er hatte an der New Yorker Universität auf einem Symposium ein Referat über die Behandlung von Terroropfern gehalten. Vater und Tochter wollten den Abend vor der Hochzeit gemeinsam verbringen.

Laut einer Mitteilung auf Spiegel Online vom 10.09.2003, bekannte sich der militärische Flügel der Hamas am Abend gegenüber dem arabischen Nachrichtensender Al-Dschasira zu beiden Anschlägen und kündigte weitere Attentate an.

Nur einen Tag vorher war ich mit Maxi den ganzen Tag in Jerusalem gewesen - wir fuhren auch nahe der Deutschen Kolonie vorbei - und nur einige Stunden vorher stand ich im Norden von Tel Aviv ebenfalls an einer Bushaltestelle. „Wer weiß, wo die Attentäterin vorher vorbeigelaufen ist", dachte ich.

Kurz vor diesen beiden Anschlägen wurden Anfang September zwei israelische Soldaten bei Jenin aus einem Hinterhalt erschossen. Ich erfuhr, dass Soldaten in Israel in den besetzten Gebieten oft ohne schusssichere Westen eingesetzt werden, da der Armee das Geld für eine gute Ausrüstung fehlt. Was müssen Eltern dabei fühlen, wenn sie das hören, dass ihr Kind, welches in einem Einsatz starb, noch leben könnte, wenn es nur eine ordentliche Ausrüstung gehabt hätte?

Insgesamt war ich mir zwar der Gefahr, die in Israel lauerte, bewusst. Ich ließ mich aber deswegen nicht von Ausflügen, Restaurantbesuchen, Einkäufen und anderem abhalten, fühlte aber immer eine gewisse Nervosität und Wachsamkeit. Als ich einmal ziemlich lange in einem überfüllten Postamt nahe des Strandes in einer Menschenschlange warten musste, guckte ich mir die Wartenden auch genauer an, als ich es in Deutschland machen würde. Allerdings machte ich mich auch nicht verrückt, denn ich fühlte ein Vertrauen in mir, dass etwas Höheres mich lenkt und, wenn mir etwas zustößt, es eben so sein soll. Deswegen gingen mein Humor und eine Portion Gelassenheit immer mit.

Allerdings ist die Gelassenheit mancher Israelis denn doch eine andere als meine. Als eines Tages ein Bus in der Ben Yehuda/ Ecke Gordon Street nahe von meinem Hotel und einer Wäscherei ausgebrannt auf der Straße stand, fragte ich später Maxi, ob er wüsste, was passiert sei. Er antwortete gleichgültig: „Who cares?" („Wenn kümmert es?").

Zwei Tage in Jerusalem

Der erste Tag

Fahrt von Tel Aviv nach Jerusalem

Einen Tag vor den beiden schrecklichen Anschlägen vom 9. September in Tel Aviv und Jerusalem holte mich Maxi morgens vom Hotel ab, und wir machten uns auf den Weg nach Jerusalem. Jerusalem ist die Hauptstadt Israels und das spirituelle Zentrum der Juden, Christen und Moslems. Wir waren eine Stunde unterwegs, da vorübergehend Stau auf der Straße war. Auf der Strecke lagen noch aus der Zeit vor der Staatsgründung Israels, aus den zwanziger bis vierziger Jahren, an mehreren Stellen zerstörte Fahrzeugwracks von damaligen Armeefahrzeugen. Früher war die Straße von Tel Aviv nach Jerusalem von Arabern belagert, die jede Autokarawane beschossen, die versuchte, hier durchzufahren. Jedesmal gingen ein oder mehrere Autos kaputt und es starben Menschen. Die Wagen fuhren immer als Fahrzeugkolonne los, mit dem sicheren Wissen, dass wahrscheinlich nicht alle in Jerusalem würden ankommen können. Ihre Fahrt war aber nötig, um Jerusalem zu versorgen.

Schon kurz vor Jerusalem konnten wir an den Hängen die für Jerusalem typischen Steinmosaikverkleidungen sehen. Es wurde hier an einer neuen Straße bzw. einem neuen Straßenabschnitt gebaut, um den Verkehr zwischen Tel Aviv und Jerusalem zu entlasten.

Jerusalem, Yad Vashem

In Jerusalem angekommen, besichtigten wir zunächst die
Holocaust-Gedenkstätte Yad Vashem. Einem Infoblatt der
Gedenkstätte habe ich entnommen, dass Yad Vashem[22]
1953 durch ein Gesetz der Knesset errichtet worden ist. Die
Einrichtung hat die Aufgabe, an die sechs Millionen von
den Nazis und ihren Kollaborateuren ermordeten Juden
zu gedenken. Nicht vergessen werden sollen die jüdischen
Gemeinden, die spurlos vernichtet werden sollten oder ver-
schwanden, die in den Ghettos eingepferchten Menschen,
die Widerstandskämpfer und auch die sog. „Gerechten der
Völker", das sind Menschen, die halfen und ihr eigenes
Leben riskierten, um jüdische Leben zu retten. Ein bekann-
tes Beispiel ist Oskar Schindler, der Hunderten von Juden
das Leben rettete, zum Beispiel den Eltern von Michel
Friedman, dem ehem. Vizepräsidenten des Zentralrats der
Juden in Deutschland.

Yad Vashem liegt auf dem Har Hazikaron, dem „Berg der
Erinnerung", in Jerusalem. Das Gelände beinhaltet Gedenk-
orte wie die Halle der Erinnerung, die Kindergedenkstätte,
das Tal der Gemeinden, die Halle der Namen, das Denkmal
für die Gerechten der Völker und andere Denkmäler, dem
Historischen Museum und dem Kunstmuseum. In Yad
Vashem wird Archivmaterial von der ganzen Welt gesam-

---

[22] Yad Vashem, P. O. B.3477, Jerusalem, Israel 91034, Rehov
Hazikkarm, Mount Herzl, Website: www.yad-vashem.org.il
Geöffnet: So – Do 9.00 – 17.00 Uhr, Eintritt frei
Kostenlose Führung in Englisch: Mi – Fr um 10.00 Uhr

melt, über den Holocaust informiert und Forschungen und Veröffentlichungen angeregt. Einmal im Jahr findet hier eine offizielle Feierlichkeit statt, und während des Jahres werden in Yad Vashem Konferenzen der Holocaust-Forschung, Ausstellungen und kulturelle Ereignisse durchgeführt. Es wurde erwähnt, dass jährlich mehr als eine Million Menschen Yad Vashem besuchen kommen.[23] Es blieben zwei Eindrücke unseres Besuches in Yad Vashem besonders an mir haften:

Das Relief in Yad Vashem

Zum Beginn des Besuches standen wir eine ganze Weile in einer Halle vor einem Gedenkrelief. In einem Infoblatt wurden wir informiert, dass das Relief von Naftali Bezem geschaffen wurde, der 1924 in Essen geboren wurde und noch vor dem Ausbruch des 2. Weltkrieges mit der Jugend-Alija[24] nach Palästina emigrierte. Sein Relief besteht aus vier Abschnitten: Die Vernichtung, die Auflehnung, die Heimkehr ins Land Israel und die Wiedergeburt. Zitat aus dem Infoblatt zu dem Relief: *„Obwohl er dem Nazi-Regime entrinnen konnte, wurde sein ganzes Wesen von den Ereignissen jener Jahre geprägt. Aus diesem Grund fühlt er sich der Generation zugehörig, die dazu verpflichtet ist, die Schrecken jener Zeit aufzuzeichnen.“*

---

[23] Details aus dem Infoblatt „Yad Vashem“, The Holocaust Martyrs and Heroes Remembrances Authority, veröffentlicht zusammen mit dem Ministerium für Tourismus

[24] Alija = (Hebr. Aufstieg); gemeint ist die Einwanderung nach Palästina

Mahnmal der Deportierten

Eine erschreckende Wirkung auf mich hatte auch das Mahnmal der Deportierten. Eisenbahnschienen reichen in die Luft und hängen abgeschnitten über einen Abhang. Darauf befindet sich ein Güterwaggon nahe des Abgrundes, der kurz davor ist, hineinzustürzen. Dies ist ein Mahnmal zur Erinnerung an die Millionen von jüdischen Opfern, die von überall in Europa mit Deportationszügen zu den Vernichtungslagern transportiert wurden. Es hinterlässt bei dem Betrachter eine Hilflosigkeit, als ob man den Halt verliert, jedenfalls ging es mir dabei so.[25]

Wir liefen noch etwas auf dem Gelände umher und erreichten das Tal der Gemeinden. Da Maxi mit Israel-Gästen schon öfters hier war und er deshalb nicht lange bleiben wollte, verließen wir Yad Vashem schon nach einer Stunde wieder. Ich nahm mir aber vor, noch einmal mit mehr Zeit an diesen Ort zurückzukehren.

---

[25] Ein vergleichbares Mahnmal befindet sich in Berlin-Mitte (Tiergarten) auf der Putlitzbrücke über den Gleisen des ehem. Bahnhofs Putlitzstraße. Hier reicht ein treppenähnliches Gebilde aus Metall über das Geländer ins Nichts. Wenn man von der Brücke hinunterschaut, sieht man Schienen, die heute noch befahren sind. Diese Stelle war in den Jahren 1941 - 1945 einer der Berliner Deportationsstellen, ein sog. Umschlagplatz, von denen man Juden in Waggons sperrte und deportierte. Weitere Deportationsmahnmale in Berlin befinden sich in Berlin-Mitte (Tiergarten, Levetzowstraße) und am S-Bhf. Grunewald („Gleis 17").

Altstadt

Das Symbol für Jerusalem ist der Löwe. Im Stadtbild konnte man überall unterschiedlich angemalte bunte Löwen sehen, vergleichbar mit den Buddy Bears aus Berlin. Wir fuhren in Richtung Altstadt, ließen das Auto stehen und betraten diese durch das Zionstor. Hier besichtigten wir zunächst das jüdische Viertel, und dieses interessierte mich auch am meisten. Wir erreichten eine Treppe und man konnte von oben auf den ganzen Platz vor der Klagemauer, die auf Hebräisch Ha-Kotel Hama´aravi und auf Englisch Western Wall heißt, schauen. Sie war einst die westliche Außenmauer des zweiten Tempels, der vor rund 2.000 Jahren von den Römern zerstört wurde. Da wir Montag vormittag hier waren und viele Menschen wohl arbeiteten, wirkte der Platz vor der Klagemauer etwas verlassen. Touristen gibt es ja aus bekannten Gründen derzeit auch nicht viele.

Wir gingen die Treppe langsam hinunter und näherten uns der Klagemauer. Der Bereich direkt vor ihr war durch einen Zaun getrennt, auf der linken Seite beteten die Männer und auf der rechten Seite die Frauen. Ich näherte mich dem Bereich, der den Frauen zugedacht war, und hörte ihren Gebeten zu. Wir wollten an einer Führung durch die Tunnel der Westmauer teilnehmen und gingen bald in die Richtung des Einganges, von wo die Tour beginnen sollte. Dort warteten schon einige – ebenfalls an der Führung interessierte - Leute. Aufgeschreckt wurden wir, als plötzlich ein etwa 25jähriger religiöser Jude laut „A b b a, A b b a" rufend an uns in Richtung der Klagemauer vorbeirannte. Ich zuckte zusammen und wusste erst nicht, was passiert ist, doch dann verstand ich: Abba heißt ja „Vater" auf Hebräisch, er meinte wohl Gottvater, den er lautstark anrief. Ich musste grinsen und Maxi meinte trocken: „Komm´ bloß weg hier". Ich ahnte jetzt, wieso ich oft nicht erhört wurde: Ich war bisher einfach zu leise.

Endlich ging die Tunnel-Führung los. Wir betrachteten zunächst ein Modell des Tempelbergs. Hier zeigte uns unsere Tunnelführerin wie zunächst dem ersten jüdischen Tempel nach dessen Zerstörung der zweite jüdische Tempel folgte, der ca. 70 nach unserer Zeitrechnung von den Römern zerstört wurde. Hunderte von Jahren später wurde auf dem Tempelberg der heutige Felsendom und die El Aqsa Moschee erbaut. Sie stehen hier nun schon seit über tausend Jahren. Ich bekam eine Ahnung, welche tiefe Geschichte der ganze Nahostkonflikt in sich birgt.

Juden ist das Betreten des Tempelberges heute eigentlich nicht mehr gestattet oder es wird mindestens davon offiziell abgeraten, obwohl hier einst die beiden jüdischen Tempel standen. Es kam allerdings vor, dass strenggläubige militante Juden hier dennoch hochkamen und symbolisch einen Grundstein für den zukünftigen dritten jüdischen Tempel legen wollten, und der Auslöser der zweiten Intifada war ja bekanntlich der Besuch des Ministerpräsidenten Ariel Scharon am 28. September 2000 auf dem Tempelberg.

Die Westmauer erreicht unterirdisch eine Länge von fast fünfhundert Metern. Nach 1967 entdeckte man ihn hier bei Ausgrabungen, ebenfalls auch Räume und Hallen,

Wassertunnel, eine Straße, Wasserbecken und mehr. Die Westmauer bestand zum Teil aus großen unregelmäßigen Steinquadern. Sowohl unten in den Tunneln der Westmauer wie auch oben an der Klagemauer befanden sich in ihren Mauerritzen überall kleine zusammengefaltete Zettel. Diese sind alles Briefe an Gott. Diese Sitte war mir sympathisch. Ich habe in dem deutschen Kinderbuch „Israel" (Autor: Hans Stenzel) gelesen, dass religiöse Juden aus aller Welt sogar ihre Briefe an Gott unter der Nummer 00972.2.612 222 hierher faxen können. Die Faxe werden dann zusammengefaltet in die Mauerritzen gesteckt.

Als wir die Tunnel verließen, kamen wir in dem moslemischen Viertel Jerusalems heraus. Hier wurden wir von zwei israelischen Soldaten – mit Maschinengewehr bewaffnet - empfangen, die uns durch das moslemische Viertel führten und in das jüdische Viertel geleiteten. Einer von ihnen führte unsere Gruppe an, der andere blieb am Ende des Zuges. Der Soldat, der unsere Gruppe anführte, hatte mich beeindruckt: Ein bildschöner junger Mann Anfang zwanzig mit dichten dunklen Haaren und mit sehr aufrechten, stolzem Gang. Seine Augen und sein Kopf waren in ständiger Bewegung nach rechts, links, oben, wieder herunter, wie bei einem Adler. Es schien, dass es nicht ganz ungefährlich war, durch das moslemische Viertel zu gehen. Dennoch wurde der touristische Betrieb und die Führung durch die Westtunnel aufrecht erhalten, was mich unter den gegebenen Umständen etwas verwunderte. Unter deutschem Sicherheitsbestimmungen, die ja oft übertrieben sind, wäre hier wohl jede Führung abgesagt worden.

Ursprünglich wollte ich aus Sicherheitsgründen nicht in das moslemische Viertel, wusste aber vorher nicht, dass wir bei der geführten Tour durch die Westtunnel hier herauskommen würden. Ich dachte, dass es vielleicht als Provokation angesehen werden würde, wenn Touristen hier herumliefen. Da die Tunnel aber nun hier endeten, hatte ich auf diese Weise die Gelegenheit zu sehen, wie es im moslemischen Viertel aussah. Wir wurden oft von Arabern beobachtet, die aber ansonsten an uns nicht sonderlich interessiert waren und ihren eigenen Tagesgeschäften nachgingen. Als wir das jüdische Viertel wieder erreichten, endete die Führung.

Unsere nächste Station war das christliche Viertel. Hier zeigte mir Maxi die Grabeskirche. Nach der Kreuzigung wurde der tote Körper von Jesus in die Grabeshöhle gelegt und diese mit einem großen Stein verschlossen. Ich habe vor kurzem in einer sächsischen Zeitung gelesen, dass es in Görlitz in Deutschland eine originalgetreue Nachbildung der ursprünglichen Jerusalemer Grabeskirche gibt, originaler als die, die man heute in Jerusalem sehen kann, denn das Jerusalemer Original aus dem 12. Jahrhundert wurde irgendwann im Laufe der Zeit zerstört und wieder aufgebaut.[26]

Wir gingen wieder hinaus und standen auf einem Platz. Dort sammelte sich gerade eine Gruppe deutschsprachiger Rentner/-innen. Ich sprach eine ältere Dame an und fragte

---

[26] Das Heilige Grab in Görlitz mit der Kapelle zum Heiligen Kreuz: Adamskapelle (Unterkapelle) und Golgathakapelle (Oberkapelle), Ev. Kulturstiftung Görlitz,
Heilige-Grab-Straße 79, D-02826 Görlitz,
Tel.: 0 35 81-31 58 64,-788 13, Fax: 0 35 81-31 58 65

sie, woher sie denn kämen, und es kam heraus, dass auch sie wie ich selbst aus Berlin war. Freudig fragte sie mich: „Glauben Sie auch an Gott? Sind sie auch Christin?" Die Fragen fand ich merkwürdig. Ich bejahte das erste. Für mich ist Gott allerdings keine Person, und schon gar nicht ein bärtiger alter Mann, sondern eher eine Energie, die in allem und überall ist, in Tieren, Pflanzen, Menschen, in allem, was uns umgibt und in uns ist.[27] Das zweite verneinte ich, da ich nicht mehr Mitglied einer christlichen Kirche bin. Ich entgegnete, dass doch auch andere Religionen als das Christentum an Gott glaubten. Ich wollte gerade aufzählen „der Islam an Allah und.....", - da unterbrach sie mich und sagte barsch: „Allah ist kein Gott, denn er hat keinen eingeborenen Sohn". Aha, dass ein eingeborener Sohn die Voraussetzung ist, Gott zu sein, wusste ich noch nicht. Angesichts meiner Bildungslücke, unterließ ich es mit dem Judentum fortzufahren, meinen indischen Guru verkniff ich mir auch, ebenso wie meine Ansicht, dass man auch an Jesus glauben kann, ohne einer christlichen Kirche anzugehören. Wir waren hier offenbar an christliche Fundamentalisten geraten. Man musste hier in der Altstadt von Jerusalem offenbar mit allen möglichen religiösen Extremlingen rechnen. Wir verabschiedeten uns und gingen.

---

[27] Diese Vorstellung von Gott gibt es auch im Judentum, im Chassidismus. Dies ist eine mystisch-religiöse Bewegung, die um die Mitte des 18. Jahrhunderts in Südostasien entstanden ist. Grundlehre ist die Annahme, dass Gott die gesamte Schöpfung, auch die Materie durchdringt. Der Begründer des Chassidismus in Osteuropa um 1700 war Baal Shem Tov (Israel ben Elieser). (siehe S. 163 + 384, Neues Lexikon des Judentums, Julius H. Schoeps).
Hierüber gibt es auch ein Buch von Osho „Der Rabbi und die Katze – Geschichten zur jüdischen Mystik", Osho-Verlag, 1999

Gerne wäre ich noch auf der Altstadtmauer herumgelaufen, um einen Ausblick auf die Altstadt zu haben, doch der Zugang war vermutlich aus Sicherheitsgründen gesperrt. Wir liefen durch das armenische Viertel und verließen dann die Altstadt wieder durch das Zionstor.

Gad Granach

Hier in Jerusalem musste ich an Gad Granach denken. Sein Buch „Heimat los" hatte ich vor längerer Zeit gelesen, und es hatte mich sehr beeindruckt. Es handelt aus seinem Leben als jüdischer Emigrant, der 1936 im Alter von 21 Jahren in das damalige Palästina einwanderte, das heißt Alija[28] machte. Es beschreibt die damalige Zeit in Palästina, aber zuvor auch das Berlin in den Jahren vor seiner Auswanderung. Er lebt noch immer in Jerusalem und ist heute 89 Jahre alt. Unbedingt zu empfehlen ist, sich die CD zu seinem Buch „Ach so!" anzuhören, denn er hat eine sehr markige eindrucksvolle und sympathische Stimme.

Als ich schon längst wieder in Berlin war und erfuhr, dass Gad Granach nach Berlin kommen wird, habe ich mich sehr gefreut, dass ich nun doch die Gelegenheit haben werde, ihn zu sehen. Am 27. Oktober 2003 fand dann im Berliner Ensemble ein Podiumsgespräch zwischen ihm und Henryk M. Broder unter dem Titel „Broder spricht mit Granach über Granach" statt. Gleichzeitig wurde der autobiographische Roman „Da geht ein Mensch" von dem Vater Gad Granachs – Alexander Granach, der Schauspieler war - vorgestellt. Ein anwesender Schauspieler las mehrere

---

[28] Siehe Fußnote 24

Textpassagen vor. Das Schicksal wollte es und legte noch nach, denn genau an diesem Wochenende kam mich auch Maxi in Berlin besuchen, und wir gingen gemeinsam ins Berliner Ensemble. Diese Veranstaltung war - wie gesagt – erst eineinhalb Monate später, nachdem ich aus Israel schon längst wieder zurückgekehrt war.[29]

Knesset

Unsere nächste Station sollte die Knesset sein, das ist das israelische Parlament im Westteil der Stadt, in der Rehov Ruppin im Präsidentenpark gelegen. Diese war heute allerdings für Besucher geschlossen, so dass es lediglich möglich war, die große Menorah, die vor ihr stand, zu fotografieren. Öffnungszeiten sind am Donnerstag und wir nahmen uns vor, an dem Öffnungstag wiederzukommen.[30]

Vor der Knesset waren etliche Zelte aufgebaut. Es handelte sich um eine Demonstration von alleinstehenden Müttern, die gegen die Regierung protestierten, da sie aufgrund von neuen finanzpolitischen Entscheidungen, weniger Geld erhalten sollten. Der israelischen Wirtschaft geht es schlecht, die Arbeitslosigkeit ist hoch – ähnlich, wie in Deutschland wurde eine Steuerreform durchgeführt, bei

---

[29] Gad Granach, „Heimat los! – Aus dem Leben eines jüdischen Emigranten", Fischer Taschenbuch Verlag, 2001 – CD „Ach so!", Gad Granach und Henryk M. Broder on Tour, Ölbaum Verlag, 1997 –
Alexander Granach, „Da geht ein Mensch", Autobiografischer Roman, Ölbaum Verlag, 2003

[30] Knesset, in der Rehov Ruppin. Für Besucher geöffnet: Donnerstags von 8.30 – 14 Uhr, Eintritt frei

der durch Steuersenkungen der Konsum und damit die Wirtschaft angekurbelt werden sollen. Aber gleichzeitig zu den Steuersenkungen wurden auch die Staatsausgaben gekürzt. Und, vergleichbar mit Deutschland, trifft es vor allem die alleinerziehenden Eltern, die ja bekanntlich meist alleinerziehende Mütter sind, besonders hart.

Ich habe in einem Online-Artikel vom 01.08.03 auf www.hagalil.com gelesen, dass die Mütter es immerhin erreicht hatten, dass Benjamin – auch sehr nett „Bibi" genannt - Netanjahu, der Finanzminister, zu ihnen mit Käsekuchen (!) zum Gespräch zu den Zelten kam. Doch, nur mit dem Käsekuchen und Plaudern wollten die Mütter sich nicht zufrieden geben, sondern stellten klare Forderungen an ihn, sich doch andere Geldquellen zu suchen, um den Staatshaushalt zu sanieren. Wieviel Erfolg sie hatten, bleibt abzuwarten.

Abu Gosh

Später, am Ende des Nachmittags, fuhren wir durch Jerusalem unter anderem auch nahe der „Deutschen Kolonie" vorbei, bevor wir Jerusalem wieder verließen. Wir machten in einer nahegelegenen Stadt namens Abu Gosh halt. Abu ist Arabisch und heißt Vater; auf Hebräisch Abba und Gosh heißt Joshua. Wir kehrten dort in einem libanesischen Restaurant ein und hatten ein sehr leckeres Essen bestehend aus Falafel, Humus, Salat mit Gurken, Tomaten, einem Käse-Quark-Brei, dessen Namen ich vergessen habe, Oliven, saure Gurken, Zwiebeln, Peperoni und Pita und als Getränk Zitronenlimonade.

Der zweite Tag

Knesset

Drei Tage später, am 11. September, fuhren Maxi und ich zum zweiten Mal nach Jerusalem. Zunächst fuhren wir zur Knesset, denn sie hatte heute für Besucher/-innen geöffnet. Da wir früh kamen, waren wir die einzigen, und wir hatten Glück, denn wir bekamen nur für uns beide eine Führung. Oder, waren wir schon eine in diesen Zeiten normale touristische Gruppenstärke? Die Frau, die uns durch die Knesset führte und den Sitzungssaal erklärte, war mehrsprachig, sie sprach für mich Deutsch, ab und zu sprach sie für Maxi Hebräisch oder auch Englisch, wenn sie uns beide ansprach, was meistens der Fall war. Die Bestuhlung im Sitzungssaal ist wie eine riesige Menorah angeordnet, die allerdings mehr als sieben Arme hat. Besucher/-innen können auf erhöhten Stuhlreihen über dem Parlamentssaal oder ganz oben hinter einer Glaswand Platz nehmen.

Sie zeigte uns, den besonderen Sitzplatz des Präsidenten Moshe Katsav. Er sitzt etwas abseits rechts von dem Präsidium hinter einer Glaswand. Wir erfuhren auch, wo Ministerpräsident Scharon mit seinem Kabinett sitzt. Das israelische Parlament hat zwölf Parteien, es sind alle möglichen Richtungen vertreten, von rechts-religiös bis links und weltlich. Sie erklärte uns das Abstimmungs-System, das durch Tasten, die jeder Abgeordnete an seinem Tisch hat, funktioniert. Es gibt eine Taste für Ja, eine für Nein, eine für Enthaltung. Es wurde gerade an einem Computersystem gearbeitet. Jeder Platz sollte demnächst mit einem PC,

Monitor und so weiter ausgerüstet werden. Abstimmungen werden dann über die Rechner ausgeführt und sollen in Zukunft dadurch sicherer sein. Bei dem bisherigen System, kann es vorkommen, dass ein Abgeordneter für jemanden, der gar nicht da ist, die Tasten an dessen Platz mitbedient, was natürlich nicht erlaubt ist.

Ich fragte unsere Guide, ob sie etwas zu der Demonstration vor der Knesset, den Müttern, die in Zelten lebten, sagen könne. Sie meinte, dass die Mütter auch schon oft bei Sitzungen in der Knesset dabei waren, oft durch Zwischenrufe unangenehm auffielen. Es schien so, als ob sie nicht sonderlich viel Interesse für die alleinerziehenden Mütter hatte, jedenfalls war das alles, was sie zu diesem Thema zu sagen hatte.

In der Knesset befinden sich viele Gemälde und Mosaiken des Künstlers Marc Chagall. Wir blieben eine ganze Weile davor stehen, um sie zu betrachten. Nach der Führung gingen wir noch in das Restaurant der Knesset. Hier gibt es eine Trennung – gemäß der koscheren Lebensweise - nach milchigen und fleischigen Speisen. Man musste auf Hinweisschilder achten und aufpassen, sich richtig hinzusetzen. In der Knesset befindet sich außerdem eine kleine Poststube, in der man besondere mit Knesset-Stempel und Tagesdatum versehene und frankierte Briefumschläge kaufen konnte. Da hatte man gleich einen Ich-war-hier-Beweis.

Biblischer Zoo[31]

Unsere nächste Station war der Biblische Zoo in Manhat, nördlich vom Zentrum. Er hat mir sehr gut gefallen. Sehr schön ist die Wildtier-Anlage, man durchläuft sie über eine sehr lange Holzbrücke und man kann Zebras, Giraffen und anderen Wildtieren sehr nah sein. Am Ende der Holzbrücke stießen wir auf eine riesige Arche Noah[32], die eine beeindruckendende Größe hatte. Im Innern der Arche befindet sich ein Besucherzentrum mit Souvenirshop und ein Kino. Es lief gerade ein Film über den Biblischen Zoo in hebräischer Sprache. Maxi fragte, ob es den Film auch auf Englisch gäbe, und nachdem der erste Film vorbei war, legte die Zoo-Mitarbeiterin ihn uns in englischer Fassung ein. Es war eine Mischung aus Zeichentrick und realen Tieraufnahmen des Zoos. Immer wieder im Bild war in Zeichentrick Noah, der den Zoo erklärte; der Film war sehr nett gemacht. Nachdem wir eine Weile im Zoo unterwegs waren, verließen wir ihn wieder durch den Eingang, durch den wir ihn betreten hatten. Vor dem Zoo stand einer der bunten Löwen, die man überall in Jerusalem sehen konnte. Ich wollte es mir nicht nehmen lassen, mich auf den Löwen zu setzen, denn das habe ich schon als Kind gerne gemacht. Damals war es allerdings ein Steinlöwe in Berlin-Friedenau.

---

[31] Biblischer Zoo, Manhat (neben dem Einkaufszentrum), nördlich des Zentrums, Geöffnet: So – Do 9.00 – 19.30 Uhr

[32] „Noah: Er wurde nach 1 Mose / Genesis 6 – 8, von Gott wegen seines vorbildlichen Lebens vor dem Untergang in der sog. Sintflut gerettet. Er erhielt von Gott den Befehl, mitten auf dem festen Land ein Schiff, die Arche, zu bauen und es mit seiner Familie zu besteigen."(Aus: Die Gute Nachricht/ Die Bibel im heutigen Deutsch, Deutsche Bibelgesellschaft, 1982, S. 321)

Mea Shearim

Wir gingen zum Auto zurück und fuhren in den Ostteil Jerusalems auf einen Hügel. Von hier hatte man einen sehr guten Überblick über die Stadt und konnte auch in der Ferne den Felsendom erkennen.

Anschließend fuhren wir nach Mea Shearim, dem jüdisch-orthodoxen Viertel nahe der Altstadt. Hier erschien es mir, als ob die Zeit stehen geblieben ist. Überall in den Straßen, Gassen und Läden sah man orthodoxe Juden mit Schläfenlocken und Jüdinnen mit Perücken und Kopftüchern, wobei ich mir vorstellte, dass ihr Kopf wahrscheinlich kahlgeschoren ist oder sie ganz kurze Haare haben, was ich natürlich nicht wirklich wissen konnte, aber gehört hatte. Viele Frauen, besonders jüngere, hatten aber garantiert ganz echte Haare auf dem Kopf.

In Berlin hatte ich den israelischen Spielfim „Kadosh"[33] gesehen, welcher von dem Leben eines Ehepaares aus Mea Shearim handelte und die dortige Lebensrealität widerspiegelte, die besonders für Frauen - religiös begründet – gelinde gesagt, nicht sehr angenehm ist. In dem Film führte es zur Zerstörung einer eigentlich glücklichen Ehe, da die Frau kinderlos blieb, was aus ärztlicher Sicht am Mann lag, den Rabbiner aber nicht interessierte. Die religiöse Sicht war, dass es nur an der Frau liegen könne. In Folge der Kinderlosigkeit wurde die Ehe also geschieden und dies führte zum Selbstmord der jungen Frau, da der Mann - selber unglücklich damit - eine jüngere Frau heiraten sollte,

---

[33] kadosh = heilig

die er nicht liebte. Das erste, was ein orthodox gläubiger Jude morgens betet, wenn er sich die Tefillin[34] anlegt, ist: „Herr, ich danke dir, dass ich keine Frau bin".

Bücherläden, die ich sah, führten ausschließlich jüdisch religiöse Bücher, so als ob in Mea Shearim nichts anderes gelesen wird. Sicher bin ich mir da allerdings nicht, denn ich habe nicht alle Straßen und Läden sehen können.

An einer Hauswand stand „Jews not Zionists" („Juden nicht Zionisten")[35]. Damit ist gemeint, dass orthodox religiöse Juden den Staat Israel nicht anerkennen. Sie warten auf den Messiahs und – so, wie ich gelesen habe – ist nur er von Gott bevollmächtigt, einen Staat Israel auszurufen und sonst niemand, Zionisten aus ihrer Sicht auf jeden Fall nicht. Viele hier lebende Juden, wenn nicht sogar die meisten, würden lieber in einem Staat Palästina unter arabischer Herrschaft leben als in dem jetzigen jüdischen Staat mit seiner säkularen Ausprägung.

Sie fühlen sich offenbar nicht davon beunruhigt, dass in der Geschichte Palästinas noch vor der Staatsgründung von Israel 1948 Pogrome von der arabischen gegen die jüdische Bevölkerung stattgefunden haben. So wurde die jüdische Gemeinde in Hebron vollständig ausgelöscht. Diese Fakten

---

[34] Tefillin = Gebetsriemen mit Lederkapseln (nur der Männer), die Schriftverse enthalten und um den linken Arm und die Stirn gewickelt werden.

[35] Zionist = Ein Anhänger der jüdischen Nationalbewegung und der Ideen von Theodor Herzl, des Begründers des Zionismus im 19. Jhdt., der sich für den Aufbau eines jüdischen Staates, bevorzugt in der ehem. Heimat, in Palästina einsetzte. Der Zionismus bildete die Grundlage für die Schaffung des jüdischen Staates Israel im Jahre 1948.

scheinen sie irgendwie zu ignorieren. Der heutige Staat Israel erscheint ihnen auf jeden Fall als gotteslästerlich, da nicht einmal der Shabbat - wie von Gott in der Bibel verlangt - überall eingehalten wird. So fahren viele Israelis am Shabbat Auto, es wird vielerorts gearbeitet, Discos haben geöffnet und anderes mehr.

Altstadt

Wir machten uns nach dem Besuch von Mea Shearim noch einmal auf den Weg zur Altstadt, fuhren aber vorher noch eine Weile in Jerusalem herum, unter anderem durch die neue City. Bei der Altstadt angekommen, betraten wir sie diesmal durch das Jaffator und befanden uns nun zum zweiten Mal im moslemischen Viertel. Es gab hier enge Gassen voller Läden, die Waren befanden sich teilweise vor den Läden, so dass das Gesamtbild sehr schön und bunt war. Als schlechte Idee erwies es sich, stehen zu bleiben und die ausgestellten Waren anzuschauen, denn zeigte ich für etwas (erst eine Trommel, dann ein Paar Schuhe) Interesse, dann hatten wir den arabischen Händler am Leib, der uns nicht mehr gehen lassen wollte und den Preis immer mehr senkte, damit wir etwas kaufen würden. Das erinnerte mich doch sehr an Indien. Dort sind es wandernde Straßenhändler und vor allem Bettler, die einen sehr bedrängen, manchmal regelrecht verfolgen. Dies erfolgt aus der, aufgrund ihrer Armut oft richtigen, Annahme, das Menschen, die aus dem Westen kommen, jede Menge Geld haben. Diese Art des Shoppings finde ich auf jeden Fall aber sehr ungemütlich, und es hat die Folge, dass ich am liebsten gar nichts kaufe, sondern mich schleunigst aus dem Staub mache. Das war auch Maxis Wunsch, denn er sagte zu mir „Bloß nicht stehen bleiben".

Der israelische Briefkasten

Wir fuhren anschließend direkt nach Tel Aviv zurück und Maxi setzte mich am Hotel ab. Ich bin noch zum Meer baden gegangen, war noch im Supermarkt, Oliven und Brot kaufen und dann im Internetcafé. Ich schrieb noch einige Karten, steckte sie in die Knesset-Umschläge und lief zum Briefkasten. Das Briefkastensystem funktioniert in Israel so: Es gibt einen gelben und einen roten Kasten. In den gelben wird die Post für das jeweilige Stadtgebiet eingeworfen und in den roten Kasten kommt die übrige Post, die für außerhalb des Stadtgebietes gedacht ist. Post nach Deutschland wirft man also immer in den roten Kasten.

Jerusalem, Altstadt, Klagemauer, Männerseite

Jerusalem, Altstadt, Klagemauer, Frauenseite

Jerusalem, Altstadt

Jerusalem, Menorah vor der Knesset,
dem israelischen Parlament

Jerusalem, Biblischer Zoo in Manhat, Arche Noah

Draußen auf dem Meer

An einem Freitag früh gegen 8.15 Uhr holte mich Maxi mit seinem Motorrad ab und wir machten uns auf den Weg zum Marina. Als er mir nach Berlin in E-Mails von Marina schrieb, dachte ich immer, es sei eine Freundin. Jetzt kam ans Tageslicht, dass der Segelyachthafen – Marina – gemeint war. Ach, so, nachon, ken[36]! Wir wollten an diesem Morgen um 9 Uhr erst mit einem Segelboot mit Behinderten des Segelclubs Etgarim[37], darunter auch Blinden, auf das Meer hinaussegeln. In dem Verein Etgarim engagiert sich Maxi als Ehrenamtlicher.

Der Verein Etgarim wurde 1995 von einer Gruppe von körperverletzten Veteranen der israelischen Streitkräfte (IDF) und anderen Einzelpersonen in Zusammenarbeit mit Rehabilitations-Spezialisten gegründet. Etgarim nahm und nimmt Einfluss auf die Erziehung und die emotionale und soziale Rehabilitation von Behinderten in Israel. Der Verein bietet Freizeitaktivitäten im Freien und eine Vielzahl Sportarten für Kinder und Erwachsene mit Behinderungen an. Hier kommt eine kleine Aufzählung: Als Sport am Boden ist Bergsteigen (auch für Rollstuhlfahrer) mit Abseilen, Camping, Überlebenstraining, Skifahren, Rennen, Fahrradfahren und noch anderes mehr im Angebot. Als Wassersport ist erlernbar: Segeln, Wind-Surfing, Kayakfahren, Tauchen, Wasserski und Wildwassersport, und im

---

[36] Siehe hebr. Vokabeln im Kapitel "Flug mit El Al"

[37] Etgarim / Challenge, Israel Outdoors Sports and Recreation Association for the Disabled, P. O. B. 53169, Tel Aviv 61531, E-Mail: etgarorg@netvision.net.il

Flugsport werden Fallschirmspringen, Drachenfliegen und Fliegen leichter Flugzeuge angeboten.

Es kam zunächst anders als wir dachten, denn wir beide waren für eine Fahrt auf einem Motorboot eingeteilt worden. Bevor es losgehen konnte, bekamen wir alle schwimmsichere Westen zum Anziehen und es musste einiges Material an Bord geschafft werden, unter anderem wurde ein Kanister Benzin herangetragen. Ich half beim Auffüllen des Benzintanks. Dies hatte ich noch nie gemacht, es klappte aber gut, und endlich waren wir mit den Vorbereitungen fertig. Zu fünft fuhren wir auf das Meer hinaus. Unser Motorboot begleitete ein Segelboot, auf dem sich Behinderte und Nichtbehinderte befanden. Aus Sicherheitsgründen wird dieses Segelboot von einem Motorboot begleitet, denn, wenn Hilfe benötigt werden würde, wäre es sofort zur Stelle.

Als wir weit draußen im Meer waren, gab es während unserer Segelfahrt ein Training. Eine Frau und ein Mann aus unserer Mannschaft sprangen mit ihrer vollen Bekleidung und Schwimmwesten ins Meer, blieben eine ganze Weile im Wasser, schwammen dann wieder an uns heran und zogen sich ohne fremde Hilfe zurück ins Boot. Dieses Training wurde gemacht, um für den Notfall, falls man über Bord fallen sollte, vorbereitet zu sein.

Ich wurde auch gefragt, ob ich an dem Training teilnehmen wollte. Mir war es aber lieber, im Boot zu bleiben, denn, obwohl ich gut schwimmen kann, habe ich vor dem Meer doch eine Menge Respekt. Zum einen wegen des Wellengangs und zum anderen, weil es tief und dunkel ist und man nicht sehen kann, wer gerade darin herumschwimmt. Bestimmt wimmelt es darin von Fischen. Und wer weiß, im Mittelmeer soll es ja auch Haie geben. Dennoch spürte ich den Reiz, aber auch die Wichtigkeit des Trainings, und ich konnte mir vorstellen, es mitzumachen, wenn ich in Tel Aviv leben und regelmäßig mit hinaussegeln würde.

Ich erlebte noch eine Überraschung, denn die Mannschaft war der Meinung, dass ich - wie die anderen - das Motorboot steuern sollte. Ich übernahm dann für 20 – 30 Minuten das Steuer. Das war eine Premiere für mich und ich war mächtig stolz. Insgesamt habe ich die gute Organisation an Bord und die gute Zusammenarbeit und das gegenseitige Vertrauen untereinander bewundert. Wir waren 1,5 Stunden auf dem Meer, dann wurden Maxi und ich zurückgebracht, da wir noch mit dem Katamaran segeln wollten. Das Motorboot setzte uns im Marina ab und fuhr ohne uns wieder auf das Meer hinaus.

Wir liefen zu einem anderen Segelverein ganz in der Nähe des Etgarim, bei dem wir zunächst eine kleine Pause machten. Dann ging es gegen Mittag, diesmal mit einem Katamaran und zu zweit, wieder auf's Meer hinaus. Ein Katamaran – so lernte ich, ist ein Segelboot mit einer flachen Oberfläche, auf der man sitzt und welches an der Unterfläche zwei Rümpfe nebeneinander hat, mit denen es auf dem Wasser aufliegt.

Zu zweit schafften Maxi und ein Segelfreund den Katamaran zum Meer. Das Boot befand sich an Land auf einem

Rollgestell und wurde geschoben. Am Meer angekommen, rollt man es ins Wasser und zieht, wenn genug Wasser unter dem Boot ist, das Rollgestell einfach weg. Maxi war anfangs sehr hektisch und hatte schwer damit zu tun, das Segelboot in Fahrt zu bekommen. Er erklärte mir, was ich zu tun hatte, denn ich hatte ja keine Segelerfahrung. Ich versuchte mir alles zu merken, denn jede/r an Bord muss sich mit dem Katamaran auskennen, um im Notfall nicht hilflos zu sein.

Es ist eine Regel, dass die Segler nur zu zweit aufs Meer hinaus dürfen. Wir waren ja zu zweit, nur musste ich zunächst angelernt werden. Ich lernte, was „release" und „pull" auf See bedeuten. Bei dem Befehl „release", lässt man die Segelleine los; die Leine leicht am Boden anschlagen, damit sie aus der Halterung geht. Mit „pull" ist gemeint: Segelleine anziehen, also straffen. Die Leine, mit der man gerade nichts zu tun hat, muss man locker liegen lassen und man muss darauf achten, dass man nicht ausversehen auf ihr sitzt und sie so blockiert. Ich versuchte möglichst schnell alles mitzubekommen. Manchmal war Maxi etwas ungeduldig, was wohl daran lag, dass ich gelegentlich Fehler machte. Aber, es ist ja bekanntlich kein Meister vom Himmel gefallen.

Dann lernte ich weiter: Mit einem Stab am Heck kann man das Boot lenken, da sich dort das Bootsruder befindet. Maxi hatte eine besondere Vorrichtung angezogen, bei der sich Haken am Körper befinden. Er befestigte eine Schnur zwischen sich und dem Katamaran, stellte seine Füße an den Bootsrand, stellte sich auf und hing nun seitlich senkrecht am Boot. Da ich das nicht kannte, wurde ich unruhig. Ich hatte Bedenken, da ich das Boot noch nicht einwandfrei lenken konnte, könnte das für uns beide gefährlich werden. Ich wusste noch nicht, wie man das Boot anhält, wenn es so richtig in Fahrt ist, und wäre ihm glatt davon gefahren, wenn er ins Meer gefallen wäre, oder hätte ihn dann hinterhergeschleift. So wurde ich etwas unruhig; er kam aber bald wieder ins Boot zurück.

Nach einer schönen Fahrt über das Meer – wir fuhren in Richtung Jaffa und wieder zurück, und die Skyline von Tel Aviv lag beeindruckend vor uns -, gingen wir nach eineinhalb Stunden wieder an Land. Später fuhren wir mit dem Motorrad zurück; das war sehr berauschend, wie die warme Luft an uns vorbeiflog.

Ich war am darauffolgenden Samstag um 11.45 Uhr im Marina mit Maxi verabredet, um wieder mit Leuten des privaten Segelvereins auf das Meer hinauszufahren. Erst waren wir zu dritt, Avi, Maxi und ich, mit dem Katamaran draußen. Die Fahrt heute war weniger anstrengend als der erste Tag und lustiger als gestern. Erstmal kannte ich mich nun schon etwas aus und außerdem waren wir zu dritt.

Irgendwann segelten wir zum Marina zurück und wechselten das Segelboot. Wir waren nun zu fünft: Avi, Maxi, Uri, noch ein 19jähriger junger Mann und ich als einzige Frau in der Mannschaft. Hier waren die Männer anfangs viel mit dem Richten der Segel beschäftigt und damit, das Boot in Fahrt zu bringen. Der 19jährige, der Jüngste an Bord, kannte sich mit dem Boot am besten aus, hatte die

Segel gehisst und erklärte allen, wie das eine und andere zu handhaben war. Uri saß am Steuer. Heute waren die Wellen recht hoch, weswegen unser Segelschiff manchmal sehr schief gekippt, fast senkrecht im Wasser lag, während wir auf der aufrechten Seite waren. Das Boot erweckte den Anschein umzukippen, wenn wir in noch größere Schieflage gekommen wären. Das machte mir ein bischen Angst, da ich das noch nicht kannte. Die Männer scherzten aber und nichts schien sie zu beunruhigen. Dadurch war ich auch ruhiger, da ich daraus schloss, dass diese Schieflage nicht gefährlich ist. Maxi meinte, dass das Boot so gebaut ist, dass es nicht umkippen kann. Dies konnte ich zwar nicht glauben, aber offenbar war momentan alles in Ordnung. Ejn baja.

Auf dem Meer vor Tel Aviv: Training von Mitgliedern
des Behindertensportvereins „Etgarim"

Auf dem Meer vor Tel Aviv: Mitglieder des
„Etgarim" (Mitte und rechts), Autorin (links)

Indische Meister, Kirtan und Meditation

Promenade und Strand

Eines Abends machte ich an der Promenade Tel Avivs eine Entdeckung. Ich traf auf eine Gruppe von israelischen Hare-Krishna-Jüngern, die dort Kirtan[38]-singend musizierten und tanzten. Die Männer spielten Musikinstrumente und die Frauen waren in Saris[39] gekleidet und tanzten. Ab und zu redete eine Frau von ihnen auf Hebräisch auf die umstehende Menge ein, was ich aber nicht verstand. Immer wieder ertönte ihr: *„Hare Krishna, Hare Krishna, Krishna Krishna, Hare Hare - Hare Rama, Hare Rama, Rama Rama, Hare, Hare".*[40]

Mehrere Inder kamen vorbei und blieben interessiert stehen und lächelten. In der Nähe der Gordon Beach befindet sich in der Hayarkon Street die indische Botschaft. Schon in den ersten Tagen habe ich sie entdeckt, als ich im Meer schwamm, denn die indische Fahne flatterte im Wind und war gut zu erkennen.

---

[38] Kirtan = ein aus Indien stammender sich ständig wiederholender religiöser Gesang, mit dem man sich in Trance singt, um Eins zu werden mit dem Göttlichen. Er wirkt beruhigend und bringt Emotionen in eine positive Richtung.

[39] Sari = Indisches Wickelkleid, meist sehr farbenfroh

[40] Hare Krishna = aus dem ind. Sanskrit = Lord Krishna
Hare = Lord, der Herr. Krishna = die göttliche Inkarnation der Liebe und der Weisheit Gottes. Rama = Inkarnation Vishnus, des Erhalters des Universums, der Rechtschaffenheit und Gerechtigkeit repräsentiert.

Ein ca. 50jähriger Israeli namens Elie sprach mich am Strand an. Im Gespräch fragte er mich nach Informationen über Indien, denn er war noch nie da gewesen. Ich gab ihm ein paar Tipps, zum Beispiel, dass er ein Visum zur Einreise bräuchte und sich am besten an die indische Botschaft wenden sollte. Nach einer Weile hatte ich den Eindruck, dass ihn Indien doch nicht so sehr interessierte, er wollte wohl nur reden und war auf der Suche nach Anschluss. Dann bot er mir an, mit mir nach Eilat zu fahren, was ich aber dankend ablehnte, um nicht Maxi „untreu" zu werden.

Schon ein paar Tage vorher sprach mich ein Israeli mit dem netten Vornamen Shalom an und meinte, er sei auf der Suche nach einer russischen Frau. Er fragte, ob ich aus Russland käme. Als ich ihm sagte, ich käme aus Deutschland, war das aber auch in Ordnung für ihn. Ein arabischer Israeli, der beruflich Schmuck herstellt, setzte sich in einem Strandrestaurant an meinen Tisch und ein anderer Israeli bot mir an – als ich gerade den Strand Richtung Jaffa hinunterlief – mich mit auf seine Decke zu setzen und fragte mich, was ich trinken wolle. Bei einem Araber oder arabischen Israeli war ich etwas verunsichert, weil ich nicht genau wusste, was er wollte. Ich war dann froh, als dieser wegging.

Ich habe gemerkt, dass man an der Beach von Tel Aviv nicht lange alleine ist, was auch wieder ein Nachteil sein kann, wenn man 'mal in Ruhe abschalten möchte. Die Beach und Promenade scheinen hier auf jeden Fall so eine Art Single-Anlaufstelle zu sein. Wer Kontakt sucht, findet hier bestimmt welchen.

Osho

Eine andere Entdeckung machte ich bereits am zweiten Tag in der Ben Yehuda Street. Das nicht zu übersehende Foto von Osho hing in einem Fotoshop. Über Osho, ehem. Bhagwan Shree Rajneesh, teilen sich die Geister. Für Sannyasins[41] ist und war er ein Mystiker, ein erleuchteter Meister, wie es auch Buddha in seiner Zeit war. Oshos Botschaft ist Meditation und Selbsterfahrung. In seiner Nähe zu sein, bedeutete im eigenen Inneren nach Hause zu kommen. Für seine Kritiker und Feinde war und ist Bhagwan ein Anhänger des „Mammon" (Magazin Spiegel), Sexguru, Seelenfänger, Sektenführer, Hochstapler, der Guru der Reichen oder Rolls-Royce-Guru. Nur einige wenige seiner Kritiker haben sich überhaupt die Mühe gemacht, ernsthaft zu recherchieren, Bhagwan und seinen Ashram in Poona und seine Sannyasins aufzusuchen und ihn und die Bewegung kennenzulernen. Deswegen bestand so manche Kritik aus oberflächlichen vorurteilsbehafteten Eindrücken und eigenen Projektionen und sagte oft mehr über die Kritiker aus als über die Sache selbst.

Eine der wenigen Ausnahmen war der Sternreporter Jörg Andrees Elten (Swami Satyananda), der 1977 – zu der selben Zeit als ich auch das erste Mal in Poona war – den Ashram in Poona besuchte. Er hatte sich auf den Ort eingelassen mit dem Ergebnis, dass es nicht lange dauerte, bis er Sannyasin wurde und sich lieber von dem "Hai-

---

[41] Sannyasin = Suchender, Entsagender. Angehöriger einer auf hinduistischem Gedankengut aufbauenden religiösen Sichtweise bzw. Glaubensrichtung. Neo-Sannyasin = Anhänger/-in des Osho (Bhagwan Shree Rajneesh), 1931 – 1990.

fischbecken"[42] Stern trennte, als noch länger auf Bhagwan zu verzichten. Bekannt wurde er, neben seiner Tätigkeit beim Stern, durch sein Poona-Tagebuch „Ganz entspannt im Hier und Jetzt".[43]

Osho hat mal dieses, mal jenes gesagt, sich oft widersprüchlich geäußert. Es war unmöglich, sich nur an dem was er sagte, zu orientieren. Darauf kam es auch nicht an, sondern seine Botschaft war auf einer anderen, einer spirituellen Ebene. Fast jede/r wahre Sucher/-in merkte es, der oder die eine Zeitlang in seiner Gegenwart und in seinem Ashram in Poona war.[44]

Auch Israelis bzw. Juden im Allgemeinen fühlen sich von Osho angezogen. Osho soll in einem Interview von 1985 mit dem deutschen Magazin „Spiegel" gesagt haben: „Unter meinen Sannyasins gibt es prozentual mehr Juden als andere, fast vierzig Prozent". Ich wundere mich nur, wie er das festgestellt haben will, denn ich kann mich nicht erinnern, bei der Einweihung 1977 oder in Poona jemals nach meiner Herkunftsreligion gefragt worden zu sein. Aber, ich vermute, als erleuchteter Meister, hatte er bestimmt ganz andere Quellen. Als ich im September 2002 in der Osho Commune International - zu alten Poona-Zeiten hieß er „Bhagwan Shree Rajneesh Ashram" - war, stellte ich allerdings fest, dass sich im Vergleich zu den siebziger und

---

[42] Der Begriff ist von Satyananda selbst.

[43] Internet: www.hierjetzt.de.

[44] Osho Commune International, 17 Koregaon Park, Pune 411 001, Maharashtra, India
Internet: www.osho.com, E-Mail: resort@osho.net

achtziger Jahren auffallend viele Israelis in dem Ashram aufhielten.

Ich nahme an einer Gruppe teil, die sich mit der eigenen Kindheit auseinandersetzte, und diese bestand bezeichnender Weise aus sieben Personen: Fünf Israelis und zwei Deutschen. Dies war insofern für mich bezeichnend, da ich mich in den letzten Jahren viel mit deutsch-jüdischer Geschichte und Gegenwart beschäftigte und dies nun für mich eine Überraschung war, dass sich das nun auch in Poona fortsetzte. Es war deswegen eine Überraschung, da die Gruppenzusammensetzung vorher nicht bekannt war, denn jede/r hätte sich anmelden können. In Poona passiert genau das, was man für sein eigenes Wachstum braucht und die Begegnungen, die man hat, sind nicht nur zufällig.

Die Gruppe mit den Israelis war für mich eine wichtige Gruppe. In einer Übung saß ich einer Israelin, die nur einige Jahre jünger war als ich, gegenüber, deren Eltern den Holocaust überlebt hatten. Der Israelin ging es nicht gut, weil sie ihre Gefühle und Probleme nicht mitteilen konnte. Mehr noch: Sie hielt sie ihm Vergleich zu dem, was ihre Eltern und Großeltern in der Nazizeit durchleben mussten, für nicht so wichtig. Das war das Dilemma, dass alles immer an der Nazizeit und dem Holocaust gemessen wurde, und sie aber davon erdrückt wurde und sich mit ihren eigenen Gefühlen und Problemen nicht mehr äußern konnte. So habe ich sie jedenfalls verstanden. Ich hatte dagegen nichtjüdische Eltern, bei denen ich allerdings nur kurze Zeit lebte. Ich würde meine Kindheit und Jugendzeit selber als heimatlos und unbehaust bezeichnen.

Unabhängig von den Lasten der Weltpolitik und Geschichte trifft man sich in Poona auf einer ganz persönlichen lebensgeschichtlichen Ebene, auf der es egal ist, dass ich nichtjüdische Deutsche und sie Israelin bzw. Jüdin ist. Im Vordergrund stehen wir als Menschen, die wir sind bzw. geworden sind. Im Ashram in Poona spielt es keine Rolle, aus welchem Land man kommt, welcher Religion oder welchem Geschlecht man angehört. Das ist das Besondere an diesem Ort. Begegnung wird dadurch möglich, die anderenorts durch Oberflächlichkeiten und Vorurteile verhindert wird.

In der Wüste Negev gibt es ein Osho-Zentrum, den Ashram BaMidbar, das heißt „Ashram in der Wüste". Dort finden tägliche Meditationen und Konserven-Vorträge (Video, Tonband) von Osho statt. Auch in Haifa und Tel Aviv soll es Osho Informationszentren geben[45]. Zu dem Tel Aviver Center in der Amos Street wollte ich gehen, suchte es dann aber doch nicht auf, da ich feststellte, dass es in Tel Aviv drei verschiedene Straßen mit dem Namen Amos gibt (Simtat, Bnei Brak und Ramat Gan), und ich wusste nicht, welche die richtige ist. Wegen meiner Vorsicht, nicht unnötig mit Bussen zu fahren, der Hitze – denn, stundenlanges Herumzulaufen war nicht gerade angenehm - und wegen Zeitmangels ließ ich es sein, das Center zu suchen.

Ein Israeli namens Tyohar, der auch Sannyasin, das heißt Jünger von Osho ist und aussieht wie die Wiedergeburt von Jesus Christus, hält sich - wie es heißt - für erleuchtet, hat

---

[45] Osho Informationscenter, Amos 12/5, Tel Aviv,
Tel.: 00972.3.604.3545,
Website: http://www.nataraj.co.il / In Haifa: Wotson 6a

eigene Jünger, reist weltweit herum und gibt Satsangs[46]. Er betreibt ein Dorf in Costa Rica, das Pacha Mama Village[47] heißt und dessen Gründer und spiritueller Leiter er ist.

Sivananda Yoga Zentren

Es gibt auch einige Sivananda Yoga Zentren in Israel. Swami Sivananda (1887 - 1963) war ein indischer Meister, der – wie auch sein Schüler Swami Vishnu Devananda - den Weg des Yoga lehrte. Seine Gesellschaft heißt „The Divine Life Society" (Gesellschaft des göttlichen Lebens), der Hauptsitz befindet sich in Rishikesh in Indien. In Israel gibt es Zentren in Tel Aviv, Jerusalem, Herzlya, Haifa und in Eilat. Bisher hatte ich mit den Sivananda-Anhängern nur in Deutschland Kontakt, die in Bad Meinberg und im Westerwald zwei Yoga-Häuser betreiben. Dort grüßt man sich mit „Om Shanti". Da ich erst später in Deutschland erfuhr, dass es diese Ableger von Sivananda in Israel gibt, möchte ich sie hier nur erwähnt wissen, kann aber keine persönlichen Eindrücke aus Israel dazu liefern.[48]

---

[46] Satsang: Feierlichkeit, bei der man in der Gegenwart eines erleuchteten Meisters ist.

[47] Tyohar: http://www.tyohar.org/ Costa Rica:
http://www.pacha-mama.org/

[48] Sivananda Yoga Zentren:
6 Lateris St., Tel Aviv 64166, Tel.: 00972-3.691.6793,
Mail: TelAviv@sivananda.org
3 Reuven St., Jerusalem, Tel.: 00972-2.671.4854
13 Moran St., Herzlya, Tel.: 00972-9.956.1004
32 Wedywood St., Haifa 34635, Tel.: 00972-4.810.7853
Sachlav St. 10 b, Eilat 88000, Tel.: 00972-8.634.2233,
E-Mail: eilat@sivananda.org

Paramahansa Yogananda

Ein anderer Meister des Yoga - Paramahansa Yogananda (1893 – 1952) – bereiste auf seiner Rückreise von Amerika, wo er zu der Zeit bereits 15 Jahre gelebt hatte, nach Indien 1935 Palästina. Er beschreibt seinen dortigen Aufenthalt in seinem Buch „Autobiographie eins Yogi" folgendermaßen:

„Dann fuhren wir mit dem Schiff über das sonnige Mittelmeer und gingen in Palästina an Land. Nachdem wir mehrere Tage im Heiligen Land zugebracht hatten, war ich mehr denn je vom Wert solcher Pilgerfahrten überzeugt. Wer ein empfängliches Herz hat, wird überall in Palästina den Geist Christi spüren. Ehrfurchtsvoll schritt ich an seiner Seite nach Bethlehem, Gethsemane, Golgatha, zum heiligen Ölberg, zum Jordan und zum See Genezareth. Wir besuchten auch die Geburtsstätte Jesu, die Zimmermannswerkstatt des Joseph, das Grab des Lazarus, das Haus von Maria und Martha und den Saal des letzten Abendmahls. Das Altertum wurde wieder lebendig, und Szene um Szene des göttlichen Dramas, das Christus einst für zukünftige Generationen gespielt hatte, rollte vor meinem inneren Auge ab. Weiter ging es nach Ägypten mit seinem modernen Kairo und den alten Pyramiden. Dann führte uns das Schiff durch das langgestreckte Rote Meer und das weite Arabische Meer - nach Indien!"[49]

---

[49] Autobiographie eines Yogi, Paramahansa Yogananda, Verlag SRF – Self Realization Fellowship, 1998

Meditation an der Frishman Beach[50]

An einem anderen Tag bin ich von der Frishman Street zur Frishman Beach gelaufen. Dort traf ich auf eine Meditationsgruppe. Ich habe mich dazu gesetzt und dem Leiter zugehört. Ich fühlte mich plötzlich wie im Ashram in Poona in Indien. Der Leiter sprach in ein Mikrofon mit ruhiger, langsamer, sanfter Stimme, zwar Hebräisch, so dass ich kaum etwas verstand, aber das machte eigentlich nichts. Wir saßen alle mit Blickrichtung auf das Meer und den farbigen, dämmrigen Himmel und sahen die kleine Wellen heranrollen. Es war unglaublich schön, so zu sitzen.

Ich sprach nach dieser Session die Frau an, die die Anlage bediente und fragte sie, ob sie Sannyasins seien. Dies war zwar nicht so, sie wusste aber, was ich meinte. Sie erklärte mir, dass der Leiter während der heutigen Sitzung die sieben Energie-Chakren[51] des Körpers durchgegangen ist. Sie meinte, dass sie hier jeden Tag um 18.30 Uhr am Strand sind, außer freitags und samstags. Ich hatte die Gruppe zwar schon Tage zuvor gesehen als sie Tai-Chi-ähnliche Übungen machte. Da meine Tage in Tel Aviv nun gezählt waren, muss ich mir diesen Treff- und Zeitpunkt für den nächsten Aufenthalt in Tel Aviv merken.

---

[50] Meditationsgruppe an der Frishman Beach, So – Do 6:30 pm

[51] Die sieben Chakren sind die Hauptenergiezentren, die entlang der Wirbelsäule angeordnet sind (vom Sexzentrum bis zur oberen Schädeldecke) und die den sieben Hauptnervengeflechten in unserem Körper entsprechen. Sind die Chakren in gutem Zustand, z. B. durch Praktizieren von Meditation und Yoga, können sie positive kosmische Energien oder Schwingungen aufnehmen. Diese Energien können wir durch unsere Persönlichkeit und unseren Charakter ausstrahlen und für unser Leben erschließen.

Ich war schon lange wieder in Berlin als in der Jüdischen Allgemeinen am 11.12.2003 ein Artikel unter dem Titel „Meditieren gegen den Terror" auf der Israelseite erschien. In ihm wurden einige der esoterischen und religiösen Bewegungen, die es auch in Israel gibt - leider etwas klischeehaft - vorgestellt. Aber ich fand es sehr gut, dass das Thema aufgegriffen wurde. In dem Artikel wurde berichtet, dass eine buddhistische Gruppe gerade mitten in der Meditation war, als am 9. September in Jerusalem im Café Hillel in der Deutschen Kolonie die Bombe explodierte. Die Gruppe hörte den Explosionsknall, hörte die Sirenen, aber sie rührten sich nicht von der Stelle. Dies bezeichnete der Autor als „puren Autismus". Ich denke, dass hier ein Missverständnis vorliegt. Meditation heißt nicht Selbstbezogenheit, wie manche Leute immer noch glauben, sondern bedeutet, Zeuge zu sein, zu beobachten, was in einem und außen passiert. Realistisch betrachtet konnten die Meditierenden den Selbstmordanschlag nicht verhindern. Dennoch hätte ich unter diesen Umständen sehr wahrscheinlich nicht ruhig sitzen bleiben können.

In dem Artikel erfuhr man weiter, dass es jährlich in Israel Festivals gibt, das Boombamela- und Shantipi-Festival. Dort soll es angeblich zugehen „wie auf einer fröhlichen Drogenparty am Strand von Goa[52]", so der Autor in der Jüdischen Allgemeinen. Als ich in Goa war, konnte man da auch baden und meditieren. Auf jeden Fall scheint das Boombamela-Festival eine Art Love-and-Peace-Reggae-Beach-Festival zu sein, welches laut Internet-Recherche im April des Jahres an der Nitzanim-Küste stattfindet. Diese

---

[52] Goa = am Arabischen Meer in Indien gelegen.

befindet sich südlich von Tel Aviv zwischen Ashdod und Ashqelon. Das Shantipi-Festival findet im Mai an der Küste nördlich von Nahariya statt. Diese Festivals werde ich mir nicht entgehen lassen, sollte ich irgendwann einmal im April oder Mai in Israel sein, natürlich werde ich nur baden und meditieren.

Diaspora-Museum, Ignatz Bubis und Latrun

Beth Hatefutsoth

Ich war bereits am 9. September, dem Tag der beiden Selbstmordanschläge[53] im Eretz-Israel-Museum. Da ich das Diasporah-Museum[54] noch nicht kannte, fuhren wir nun fünf Tage später nachmittags Richtung Norden zum Universitätscampus und waren leider nur noch die letzte halbe Stunde der Öffnungszeit im „Beth Hatefutsoth"/ Nahum-Goldmann-Museum. Es erzählt von der jüdischen Diaspora seit über 2000 Jahren Exil. Das Museum gibt es seit 1978 und es präsentiert, rekonstruiert und dokumentiert die Geschichte und Tradition jüdischen Lebens in den verschiedenen Teilen der Welt. Das Judentum überstand Jahre der Vertreibung, Verfolgung und Vernichtung und ermöglichte die Fortführung jüdischen Lebens an Orten, wo man es nicht für möglich gehalten hätte, zum Beispiel nach 1945 in Deutschland.

Leider reichte die Zeit nicht aus, um sich alles in Ruhe anzuschauen, und es war nur ein Eindruck möglich. Man sah sehr große Fotos mit Juden aus aller Welt - Männer, Frauen, Kinder - die im Grunde so aussahen, wie alle anderen Menschen auch. Das besondere an den Fotos ist nur der Ort, an dem man sie sieht, weil sie einen sagen, dass es sich um Juden in der Diaspora handelt. Die Botschaft

---

[53] siehe Kapitel „Die Situation in Israel ist anders"

[54] „Beth Hatefutsoth", Nahum Goldmann Museum der jüdischen Diaspora , Universitätsgelände, Tor 2, Klausner St., Tel Aviv

des Museums kann also sein: Juden sind Menschen wie du und ich!

Friedhof Kiryat Sha´ul - Grab von Ignatz Bubis

Ich wollte zu dem Friedhof Kiryat Sha´ul[55], da sich dort das Grab von Ignatz Bubis (1927 - 1999) befinden sollte. Bubis war ehemaliger Unternehmer und Vorsitzender des Zentralrats der Juden in Deutschland vor der Amtszeit von Paul Spiegel und setzte sich für die deutsch-jüdische Versöhnung ein. In der Nazizeit verlor dieser seinen Vater und zwei Geschwister. Näheres zu seiner Person kann man seiner Autobiographie entnehmen.[56] Ich musste zunächst herausbekommen, in welchem Teil von Tel Aviv sich der Friedhof befindet und fragte eine Mitarbeiterin der Rezeption meines Hotels. Zum Glück wusste ich den Namen des Friedhofs und sie fing an zu telefonieren und konnte in kurzer Zeit seine Lage ausfindig machen. Er befindet sich im Norden von Tel Aviv, nördlich vom Universitätscampus. Maxi meinte, er sei ohne Auto schlecht zu erreichen und schlug mir vor, mich dorthin zu fahren.

Kontroversen um die Person Ignatz Bubis gab es nach seinem Tod bei den Feierlichkeiten zur Umbenennung der Obermainbrücke in Ignatz-Bubis-Brücke in Frankfurt/Main im Dezember 2000. Es kam damals zu sehr unerfreulichen

---

[55] Friedhof Kiryat Sha´ul, im Norden von Tel Aviv, Tel.: 00972-647 14 05

[56] Ignatz Bubis: "Ich bin ein deutscher Staatsbürger jüdischen Glaubens", Ein autobiographisches Gespräch mit Edith Kohn, Verlag Kiepenheuer & Witsch, 1997

Zwischenrufen und Pfiffen, unter anderem gegen Michel Friedman und gegen die Frau von Bubis, von Einwohnern, die diese Brücken-Umbenennung ablehnten.

Vor dem Friedhofseingang war ein reger Autoverkehr. Wir gingen hinein und kamen an einem Gebäude vorbei, bei dem eine Tür aufstand. Beim Vorbeilaufen sahen wir, dass in dem Raum ein Toter aufgebahrt war. Es wurden Vorbereitungen für eine Beerdigung getroffen. Auf dem Gelände sprachen wir einige Leute an und fragten, ob sie wüssten, wo das Grab von Ignatz Bubis sei. Der Mann, den Maxi ansprach, wusste es auf Anhieb. Er sagte, er war derjenige, der für die Überführung und Bestattung von Ignatz Bubis zuständig gewesen sei. Er wusste deshalb sofort, wo sich das Grab befindet und zeigte es uns. Es war in einer Reihe mit anderen Gräbern relativ nah am Eingang gelegen.

Ignatz Bubis hat im Hebräischen einen anderen Vornamen auf dem Grabstein stehen: „Israel Bubis" steht in hebräischen Buchstaben groß auf dem aufrechten Grabstein. Darunter in Hebräisch: „Ben Jehoshua und ... (Sohn *(des)* Jehoschua und ...). Es folgt weiter darunter ein zweizeiliger hebräischer Text, wahrscheinlich Zahlen bzw. die Lebenszeiten. Auf der liegenden Grabplatte steht „Ignatz Bubis 1927 – 1999" in unserer Schrift. An der Vorderkante links steht ebenfalls der Name Bubis in lateinischer Schrift. Auf der Grabplatte hinten links befand sich ein Kerzenkasten und von rechts überwucherte ein kleiner Strauch die Platte. Das Grab rechts von ihm sieht identisch aus. Dessen Platten sind aber unbeschriftet, nur an der Vorderkante links steht ebenfalls der Name Bubis. Der Mann vom Friedhof meinte, dieses Grab habe die Familie von Ignatz Bubis, die in Deutschland lebt, reserviert.

Links von seinem Grab befinden sich die Gräber von fünf der elf während der Olympischen Spiele in München am 5. September 1972 von arabischen Terroristen ermordeten israelischen Sportlern. Die anderen Sportler lägen in Haifa begraben, meinte der Mann. Damals drangen acht arabische Terroristen der Gruppe „Schwarzer September" früh morgens in das Olympia-Quartier der israelischen Sportler ein, töteten zwei der Athleten und nahmen neun andere als Geiseln. Sie forderten dann die Freilassung von zweihundert Häftlingen aus israelischen Gefängnissen. Den ganzen Tag über wurde verhandelt. Israel wies die Forderung der Geiselnehmer zurück und Ägypten lehnte es ab, die Geiselnehmer aufzunehmen. Gegen 22 Uhr nachts fand auf dem Militärflugplatz Fürstenfeldbruck, zu dem man die Terroristen mit ihren Geiseln zu einer wartenden Boing-Maschine brachte, ein Versuch der Polizei statt, die Geiseln zu befreien. Es folgte eine Schießerei, in deren Verlauf alle Geiseln, fünf der arabischen Terroristen und ein Polizist getötet wurden. Damals gab es sowohl Kritik am Vorgehen der Polizei als auch an den Sicherheitsvorkehrungen bei den Olympischen Spielen, die man als mangelhaft bezeichnete.

Latrun[57]

Nach dem Friedhofsbesuch fuhren wir zu der Gedenkstätte und dem Museum Latrun, welches nicht weit von Tel Aviv entfernt, aber schon in der Westbank liegt.

Wir schauten uns zunächst im Innern eine kleine Ausstellung an, die uns ein junger Soldat erklärte. Auf verschiedenen Wandbildern wurden jüdische Kämpfer, Partisanen, Soldaten und hochrangige Offiziere verschiedener Armeen der Welt - aus den USA, Kanada, UK, Russland, Polen, Holland und anderen Ländern - geehrt. Auf Schautafeln gab es Pfeildarstellungen über den Expansionskurs (Besetzung und Überfall) Nazi-Deutschlands auf die verschiedenen europäischen Länder. Auf einer anderen Schautafel, auch mit Pfeilen dargestellt, sah man das Vorrücken der Alliierten im 2. Weltkrieg gegen Nazi-Deutschland. Der Soldat wollte uns einen Film zeigen, da die Anlage aber defekt war, ging das leider nicht.

Wir gingen dann wieder nach draußen. Auf dem Gelände standen überall militärische Fahrzeuge und die verschiedensten Arten von Panzern herum. Auch einige weiße ägyptische waren dabei, die als Folge des Krieges mit Ägypten als Kriegsbeute hierher gebracht wurden.

Das Gebäude, in dem heute das Museum ist, war früher vor dem II. Weltkrieg eine arabische und eine britische

---

[57] The Memorial Center & Museum, Latrun Doar Na Shimshon 99762, Adresse in Tel Aviv: 51 Lohamey Galipoli St., Yad Elljahu, Tel Aviv 67068

Polizeistation. In dieser Gegend um Latrun fanden damals schwere Kämpfe zwischen Arabern und Juden statt, bis die Polizeistation in jüdischer Hand war. Oft war es so, dass aus Europa ankommende Juden, die Alija machen wollten, schon am Anlege-Hafen angeheuert wurden, um gegen die Araber zu kämpfen. Viele der Einwanderer verloren so gleich zu Beginn der Einwanderung ihr Leben.

Nach dem Besuch von Latrun fuhren wir nach Tel Aviv zurück. Wir machten einen kurzen Stopp im östlichen Teil Tel Avis, weil man von hier eine gute Aussicht über die Stadt hat. Dann fuhren wir weiter und Maxi setzte mich in der Frishman Street nahe des Strandes ab. Ich ging noch an der Strandpromenade spazieren, kaufte mir eine Pita mit Auberginen und Salat und ging anschließend ins Hotel.

Tel Aviv, Friedhof Kiryat Sha´ul.
Fünf Gräber der in München 1972 ermordeten israelischen
Olympiasportler; rechts davon: Das Grab von Ignatz Bubis

Friedhof Kiryat Shaʹul,
Grab von Ignatz Bubis (1927 – 1999)

Mitärmuseum und Gedenkstätte Latrun

Militärmuseum und Gedenkstätte Latrun

Ausflug nach Galiläa und in die Golanhöhen

Spuren von Jesus

Es war einer meiner letzten Tage in Israel, da holte mich Maxi gegen 8.00 Uhr vom Hotel ab und wir machten uns auf den Weg in Richtung Golanhöhen. An Herzliya vorbei, vorbei an Netanya und Caesaria, sind wir ungefähr bei Zikhron Ya´aqov östlich Richtung Nazareth abgebogen.

In Berlin kenne ich einen palästinensischen Israeli christlichen Glaubens, der aus der Stadt Nazareth kommt. Ich fragte ihn vor der Reise nach Israel, wie er die Situation in Nazareth einschätzen würde, ob man dort als Touristin hinfahren könne. Er bejahte und meinte, dass ich, wenn ich nach Nazareth käme, nach seiner Familie fragen solle. In Nazareth[58] angekommen, haben wir also nach seiner Familie gefragt. Die erste Person, die wir ansprachen – einen älteren Mann Anfang Sechzig - kannte die Familie tatsächlich. Er meinte, dass ein bekannter Richter in der Familie

---

[58] „Erfüllt mit der Kraft des heiligen Geistes kehrte Jesus nach Galiläa zurück. Man sprach von ihm in der ganzen Gegend. Er lehrte in ihren Synagogen, und alle ehrten und achteten ihn.
Jesus kam auch nach Nazaret, wo er aufgewachsen war. Am Sabbat ging er wie immer in die Synagoge. Er stand auf, um aus den heiligen Schriften zu lesen, und man reichte ihm die Pergamentrolle mit den Worten des Propheten Jesaja. Er rollte sie auf und fand die Stelle, an der es heißt:<Der Geist des Herrn hat von mir Besitz ergriffen. Denn der Herr hat mich erwählt, den Armen die Gute Nachricht zu bringen; er hat mich gesandt, den Gefangenen zu verkünden, daß sie frei sein sollen, und den Blinden, daß sie sehen werden. Den Unterdrückten soll ich die Freiheit bringen und das Jahr ansagen, in dem Gott sein Volk retten will....>"
(Lukas 4 (14 – 19), aus: Die Gute Nachricht, Deutsche Bibelstiftung Stuttgart, 1976, S.146)

sei, auch kenne er das Geschäft eines Bruders von ihm. Er – der Araber bzw. arab. Israeli – stieg ohne Zögern in unser jüdisches Auto und zeigte uns, wie wir zu fahren hatten. Offenbar fühlte er sich von der Intifada unbeeindruckt. Nach einer Weile kamen wir in der Nähe der El-Salam-Moschee in der Chrashrkia Street zum Halten. Er zeigte auf einen Laden, bei dem die Jalousien unten waren und der sich genau gegenüber einem Jeansladen befand. Der Mann ging in das Nachbargeschäft. Einige arabische Männer kamen heraus und gingen zu dem geschlossenen Laden, sagten irgendetwas auf Arabisch und zeigten auf ein Schild, auf dem etwas in arabischer Schrift stand und auf dem sich eine Telefonnummer befand. Diese Telefonnummer rief Maxi an. Tatsächlich ging jemand ans Telefon und Maxi gab seine Telefonnummer an diese Person. Den älteren Mann, der uns den Weg gezeigt hatte, nahmen wir wieder ein Stück im Auto mit zurück, bis er uns verließ.

Irgendwann bekamen wir dann einen Anruf von einem jungen Mann, der meinte, er sei der Sohn des Inhabers des Ladens, und wir verabredeten ein kurzes Treffen. Wir gaben ihm unseren Standort durch. Wir waren gerade in einer Straße, in dem sich eine Caféteria „The Orient House" befand. Daneben war ein großes Hotel, vor dem ein alter Kutschwagen stand. Wir warteten ca. fünfzehn Minuten, dachten schon, dass er doch nicht kommen würde, da kam ein offener Sportwagen an und ein ca. 25jähriger Mann stieg aus und schaute in unsere Richtung. Wir gingen zu seinem Auto und stellten uns gegenseitig vor. Erstmal erklärte ich ihm, wie ich dazu kam, nach seiner Familie zu fragen. Er war sehr gastfreundlich und bot uns an, am

Abend in die Familie seines Hauses zu kommen. Da wir aber auf den Weg zu den Golanhöhen waren, konnten wir die Einladung nicht annehmen, was natürlich schade war. Wir unterhielten uns eine Weile, entschieden uns dann aber, weiterzufahren und machten noch ein gemeinsames Foto. Er bot uns an, den kürzesten Weg heraus aus Nazareth nach Tiberias zu zeigen. Wir stiegen in unsere Autos und er fuhr uns eine Weile mit seinem Wagen voraus, wir immer hinterher. Dann, nach einer Weile, bog er nach rechts ab und verabschiedete sich von uns, in dem er mit dem Arm den Weg nach Tiberias wies. Wir verabschiedeten uns winkend von ihm und fuhren davon. Dies war also nur ein Kurzbesuch in Nazareth.

Bald erreichten wir Tiberias, am See Genezareth (Yam Kinneret)[59] gelegen. Tiberias wurde dafür bekannt, das es die erste koschere[60] Straße Israels hat. Die Bauarbeiten dafür sollen über drei Jahre gedauert haben und die Kosten haben sich auf 2,7 Millionen Euro für ca. 1 km Straße belaufen. Das besondere an der Straße ist, dass sie unter dem Asphalt Hohlräume hat, und der Grund dafür ist, weil sie genau über ein Gräberfeld führt. Dies käme wohl schon manch

---

[59] „Als Jesus am See von Galiläa entlangging, sah er zwei Fischer, die gerade ihr Netz auswarfen, Simon und seinen Bruder Andreas. Jesus sagte zu ihnen: „Geht mit mir! Ich mache euch zu Menschenfischern." Sofort ließen sie ihre Netze liegen und folgten ihm. Als Jesus ein kleines Stück weiterging, sah er zwei andere Brüder, Jakobus und Johannes, die Söhne von Zebedäus. Sie waren gerade im Boot und setzten die Netze instand. Jesus forderte sie auf, ihm zu folgen; und sie ließen ihren Vater Zebedäus mit den Gehilfen im Boot zurück und gingen mit ihm. (Markus 1) (Aus: „Die farbige Bibel, Deutsche Bibelgesellschaft Stuttgart, 1985, S. 167)

[60] Koscher = Siehe Fußnote 21

säkulärem Menschen wie Störung der Totenruhe vor, dass man auf die Idee gekommen ist, über einen Friedhof eine Straße zu bauen. Für das jüdische Priestergeschlecht, einer ultraorthodoxen Gemeinschaft - den Kohanim - ist es aber aus Gründen der Reinheit verboten, Friedhöfe zu betreten. Ich habe von dem Bau der Straße allerdings erst nach meiner Israelreise erfahren. Spiegel Online berichtete hierüber am 29.05.2004 unter der Überschrift „Die unsterblichen Toten – Wie man eine koschere Straße baut".

Wir fuhren um den See zum Fluss Jordan und stiegen dort aus. Hier fand man eine Hinweistafel, dass hier irgendwo am Jordan Jesus aus Nazareth von Johannes dem Täufer (John) getauft wurde (deutsche Übersetzung siehe Fußnote unten):

„In those days Jesus came from Nazareth of Galilee and was baptized by John in the Jordan. And when he came up out of water, immediately he saw the heavens opened and the spirit descending upon him like a dove and a voice came from heaven: Thou are my beloved son; with thee I am well pleased." [61]

Als wir an den Fluss herangingen, sahen wir eine Taufstelle, in der einige Erwachsene in langen weißen Gewändern im

---

[61] „Um diese Zeit kam Jesus von Nazareth in Galiläa und ließ sich von Johannes im Jordan taufen. Als er aus dem Wasser stieg, sah er, wie der Himmel aufriß und der Geist Gottes wie eine Taube auf ihn herabkam. Zugleich hörte er eine Stimme vom Himmel her sagen: „Du bist mein Sohn, dir gilt meine Liebe, dich habe ich erwählt."........ (Markus 1)
(Aus: „Die farbige Bibel, Deutsche Bibelgesellschaft Stuttgart, 1985, S. 166-167)

Wasser waren. Als ich mir das Wasser genauer betrachtete, konnte ich sehr viele Fische entdecken, darunter richtig große Exemplare. Maxi schlug vor, eine Stelle am Jordan zu suchen, um baden zu gehen. Wir fuhren ein Stück mit dem Auto und hielten irgendwo am Ufer von der Taufstelle entfernt. Das Ufer fiel etwas steil zum Wasser ab, so dass es nicht ganz einfach war, ohne abzustürzen, ans Wasser zu gelangen. Es gelang uns aber dennoch. Mir war etwas mulmig zumute in das Wasser zu gehen, und zwar wegen der großen Fische, die ich gesehen hatte. Wer weiß, ob die beißen? Wir gingen dennoch hinein und tauchten einmal ganz unter. Die „Taufe" war Maxis Idee, obwohl er jüdisch ist und als Scherz gedacht.

Für mich war es die zweite „Taufe" in meinem Leben. Die erste erhielt ich unfreiwillig im Alter von 12 Jahren in der Nathanaelkirche in Berlin. Verwandte wollten mein damaliges Heiden-Dasein beenden, das für mich selber nie ein Problem gewesen war. Stattdessen war mir die ganze Tauf-Prozedur damals sehr peinlich, denn sie entsprang nicht meinem Wunsch. Trotz allem habe ich als Jugendliche später einen inneren Draht zu Jesus bekommen, den ich – obwohl ich viele Jahre später wieder aus der Kirche, die ich als langweilig und weltfremd erlebte, austrat – nie verlor.

Lange blieben wir nicht im Wasser, nur einige Minuten. Die Fahrt ging zurück an den See Genezareth und wir suchten uns auch dort eine Badestelle. Maxi tauchte dort nochmals mit dem Kopf unter und meinte lachend, dass er nun die „Taufe" des Jordan wieder rückgängig mache.

Ich wollte das aber nicht tun, denn für mich ist Jesus ein spiritueller Meister[62], und das Erlebnis, im Jordan untergetaucht zu sein, hat mir gefallen. Außerdem gibt es das auch -wahrscheinlich als Vorläufer der christlichen Taufe - im Judentum, denn man taucht doch auch in der Mikwe[63] unter. Ist das nicht eigentlich dasselbe? Wir blieben eine halbe Stunde am See. Es war wieder ganz schön heiß und die Abkühlung tat gut.

Golanhöhen

Nach dem Baden ging es hoch in die Golanhöhen. Wir fuhren immer höher, stiegen zwischendurch einmal aus, um die Aussicht zu genießen und um dann wenig später weiter zu fahren. In früheren Zeiten – so berichtete Maxi – schossen hier die Syrier von den Bergen herab auf israelische Bauern, die auf den Feldern arbeiteten.

Wir fuhren einen Berg – den Berg Bental - hoch, auf dem wir überraschenderweise ein großes modernes Restaurant mit Souvenirshop vorfanden. Dicht daneben befand sich ein ehemaliger Bunker und ausrangiertes altes militärisches Gerät. Es handelt sich hierbei heute um eine Art Museum. Als wir am Parkplatz ankamen, sahen wir einige UN-Fahrzeuge, und im Restaurant saßen uns einige österreichische Blauhelmsoldaten an einem Tisch gegenüber. Dass sie Österreicher waren, war unschwer aus ihrem markigen Akzent herauszuhören. Das Restaurant hieß - passend zu

---

[62] siehe im Kapitel „Indische Meister, Kirtan und Meditation" der Reisebericht von 1935 in Palästina, von Paramahansa Yogananda.

[63] Mikwe = Ritualbad

den UN-Soldaten – „Coffee Annan", was genauso klang wie Kofi Annan. Hier auf den Golanhöhen, die Israel 1967 eroberte, sollen sich um die Tausend Blauhelmsoldaten aufhalten. Die Präsenz der UNO begann 1974, um die Trennung zwischen israelischen und syrischen Streitkräften zu überwachen. Noch heute erhebt Syrien Anspruch auf Rückgabe der Golanhöhen.

Im Coffee Annan gab es prima vegetarisches Essen. Wir bestellten den Coffee-Annan-Salat, ein Omelett mit Mushrooms und Zitronenlimonade. Anschließend erkundeten wir den Berg, auf dem sich eine ehemalige israelische militärische Stellung und ein Bunker befanden. Ein altes Maschinengewehr und Panzeroberteile lagen oder standen im Freien. Das Maschinengewehr zeigte Richtung Syrien, und dazwischen standen metallene Schattensoldaten, die ebenfalls in diese Richtung zielten. Syrien war bereits in Sichtweite, Damaskus von hier nur noch 60 km entfernt.

Während des Sechs-Tage-Krieges, vom 5. bis 10. Juni 1967 gegen Ägypten, Syrien und Jordanien besetzte Israel den Ostteil Jerusalems, die Sinai-Halbinsel, den Gazastreifen und die Golanhöhen. Das halte ich für ziemlich erstaunlich, guckt man sich auf einer Weltkarte an, wie groß Syrien, Jordanien und Ägypten sind und wie klein Israel. Der kleine David kämpfte gegen lauter Goliaths, so wirkt es auf mich. „Irgendwann werden die Golanhöhen wahrscheinlich an Syrien zurückgegeben", mutmaßte Maxi. Schade, eigentlich, dachte ich.

Rückfahrt nach Tel Aviv

Wir verließen die Golanhöhen wieder und fuhren durch Galiläa in Richtung Mittelmeer und kamen in Nahariya an. Hier hielten wir aber nicht, sondern fuhren nur durch, immer in südlicher Richtung parallel zum Mittelmeer. In Akko machten wir eine Pause, denn Maxi, der Auto fuhr, war müde und brauchte einen Kaffee. Akko ist eine antike Hafenstadt, die überwiegend von Arabern bewohnt ist, und in der man viele Sehenswürdigkeiten aus der Kreuzfahrerzeit und aus der Zeit des Osmanischen Reiches besichtigen kann. Da es schon abends war, hatten wir dazu leider keine Zeit. Auch die Besichtigung von Akko muss also zu einer anderen Zeit nachgeholt werden.

Wir setzten uns eine Weile in ein Café, welches eine tolle Ausschicht auf das Meer und das gegenüberliegende Ufer bot, an dem man die Häuser von Haifa erkennen konnte. Es war kurz vor 19 Uhr und es wurde nun recht schnell dunkel. Mit zunehmender Dunkelheit kamen nacheinander immer mehr Lichter der Häuser zum Vorschein, was immer schöner aussah. Nach einer Weile lag ein leuchtendes Haifa vor uns.

Dann brachen wir auf und fuhren nach Tel Aviv zurück. In Israel gibt es nicht so eine gut angelegte Autobahnbeleuchtung wie in Deutschland. Streckenweise war es ganz schön dunkel auf den Highways und man musste mit den Scheinwerfern des eigenen Autos auskommen. Jetzt hatte ich eine Vorahnung, warum in Israel die Unfallrate sehr hoch ist. Ich vermute, dass viele Unfälle sich in der

Dunkelheit ereignen. Doch wir beide kamen wohlbehalten
in Tel Aviv an.

Nazareth in Galiläa

Nazareth in Galiläa

Golanhöhen, Kuhstall

Am Jordan, nahe der Taufstelle von Jesus

Golanhöhen, nahe der syrisch-israelischen Grenze auf dem Berg Bental, auf dem sich das Restaurant „Coffee Annan" befindet und die UNO anzutreffen ist

Berg Bental: Israelische Soldaten auf einem Panzerwrack

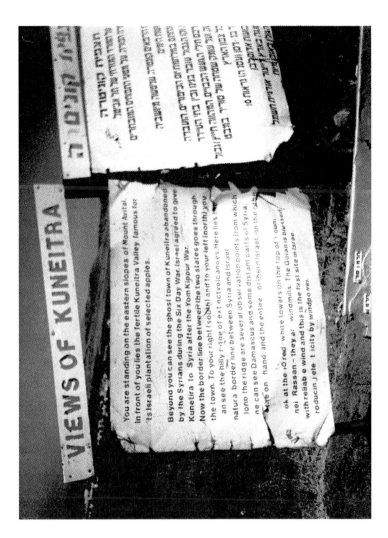

Golanhöhen, nahe der syrisch-israelischen Grenze: Vom östlichen Hang des Avital-Berges mit Blick auf das Kuneitra-Tal. Jenseits des Tales ist die Geisterstadt Kuneitra zu sehen, die von Syrien während des Sechs-Tage-Krieges verlassen wurde. Nach dem Yom-Kippur-Krieg gab Israel die Stadt an Syrien zurück. Die heutige Grenze zwischen Syrien und Israel geht durch diese Stadt.

Golan-Höhen

Golan-Höhen, Dinosaurier aus Schrott

Chuzpe! [64]

Abschied nehmen

Heute ist mein letzter Tag in Israel. Um 8.00 Uhr war Maxi da und hat mich später mit nach Jaffa genommen, denn er musste zu einem Meeting nach Ashdod und Jaffa war für ihn auf dem Weg. Ich wollte um 9.30 Uhr am Clock Tower sein, da, wo Pol jeden Mittwoch ihre Führungen beginnt[65], um mich von ihr zu verabschieden. An diesem Morgen kam sie ziemlich verspätet zu ihrer Führung. Sie fuhr an mir mit ihrem Auto vorbei und rief mir aus dem Fenster zu, dass sie gleich da sei. Ich sagte es den anderen; es warteten schon neun Personen auf die Führung. Da sie verspätet kam und soviele Leute da waren, war keine Zeit für eine Unterhaltung mit ihr. Sie meinte scherzhaft zu mir, dass ich, da ich letzten Mittwoch bei ihrer Führung dabei war, ja heute die Führung in Jaffa übernehmen könne. Das war nur aus Spaß gesagt, und ich verabschiedete mich von ihr mit dem Hinweis, dass ich morgen früh leider nach Deutschland zurückfliegen müsse.

Bemerkenswerter Weise traf ich Pol im Laufe des Nachmittags noch einmal zufällig an der Strandpromenade. Ich ging spazieren und sie kam mit dem Fahrrad vorbei und war schon wieder auf dem Weg nach Jaffa, diesmal, um selber an einer Veranstaltung teilzunehmen und sich zu

---

[64] Chuzpe = Frechheit

[65] Siehe Kapitel „Von Marina Tel Aviv bis Jaffa", Altstadtführung in Jaffa

bilden, wie sie sagte. Wir verabschiedeten uns das zweite Mal, doppelt hält ja auch besser.

Ich lief dann bis Jaffa und bin dann später die ganze Beach zurückgelaufen, um nochmals das Meer und den ganzen Strand auf mich einwirken zu lassen und um auf diese Weise langsam Abschied zu nehmen. So etwas Schönes gibt es ja in Berlin nicht, einmal abgesehen vom Strandbad Wannsee oder den Ufern des Müggelsees, die aber für das Mittelmeer auch kein echter Ersatz sind. Ich lief bis zur Gordon Beach und bin zum letzten Mal im Meer baden gegangen. Die Runde am Strand schloss ich mit einem leckeren Menü im Fisch-Restaurant am Marina ab.

Gegen 17 Uhr - der Koffer war gepackt - sind wir zum El Al-Büro in der Nähe eines Bahnhofs gefahren. Nachdem Maxi und ich 30 Minuten von einer Mitarbeiterin von der Fluggesellschaft El Al interviewt wurden, konnte ich mein Gepäck abgeben. Das Interview dauerte dort zum Glück nicht so lange wie in Berlin, was wohl daran lag, dass ich mit israelischer Begleitung zur Kontrolle kam und Maxi seinen Ausweis vorlegte. Also, als Tipp bei El-Al-Flügen: Das Gepäck am Vortag des Rückflugs im El Al-Büro abgeben und dort, wenn möglich, mit israelischer Begleitung erscheinen. Ob die anderen Fluggesellschaften auch Büros in Tel Aviv haben und die Möglichkeit anbieten, das Gepäck am Vortag abzugeben, entzieht sich meiner Kenntnis.

Ich musste dann den Koffer öffnen und den gesamten Inhalt überprüfen, ob wirklich alles mir gehört, also, niemand, zum Beispiel aus dem Hotel, etwas dazu getan haben könnte. Dies war nötig, da ich den Koffer bereits teilweise am Vortag gepackt hatte und den Rest erst heute, am Mittwoch. Dazwischen ließ ich den Koffer im Hotel im Zimmer und er wurde von einer Hotelangestellten von der ersten in die zweite Etage getragen (warum, erkläre ich noch). Außerdem hatte das Reinigungspersonal Zugang zum Zimmer. Ich hatte vergessen, den Koffer nochmals vollständig zu leeren, um sicher zu sein, dass nur meine Sachen im Koffer sind. Das hatte ich zwar vor, aber nicht mehr daran gedacht. Die Angesellte von der Sicherheitskontrolle der El Al legte also Wert darauf, dass ich dies jetzt nachholte.

Nachdem wir vom El Al-Büro zurückkamen, bin ich zur Frishman Beach gelaufen. Dort habe ich mich noch eine Weile zu der Meditationsgruppe gesetzt.

Abschied vom Hotel

Im Hotel habe ich in der Gemeinschaftsküche mit einem Studenten aus Deutschland geredet, der hier neun Wochen sein Praktikum in Consulting, also Firmenberatung, machen will. Ich merkte, dass er froh war, in mir eine Gesprächspartnerin gefunden zu haben, denn er hatte noch nicht viel Kontakte in Tel Aviv. Ich war ein bischen neidisch auf ihn und hätte für ihn gerne sein neunwöchiges Praktikum übernommen, nicht wegen des Themas, sondern wegen der Möglichkeit noch in Tel Aviv bleiben zu können.

Merkwürdigerweise musste ich am letzten Tag mein Zimmer 114 verlassen und eine Etage höher in das Zimmer 224 umziehen. Ein älteres Ehepaar hatte sich angemeldet und legte Wert auf mein Zimmer oder es gab irgendein Buchungsproblem. Schön war es nicht gerade, schon einen Tag zu früh aus dem Zimmer gesetzt zu werden, aber ich wollte auch am letzten Tag keinen Streit mit dem eigentlich sympathischen Hotelmanager, also wechselte ich einfach das Zimmer.

Das neue sah vom Inventar fast identisch aus wie das Zimmer 114 und hatte ebenso ein Bad. Ich wunderte mich, weshalb ich wechseln sollte. Die neuen Gäste hätten doch ebenso hier einziehen können. Den Unterschied bekam ich dann abends mit. Auf dem Gang befand sich ein Mehrbett-Herren-Dormitory[66] mit ca. zehn Betten. Der Raum war voller Männer. Es waren keine Urlauber, sondern eher Saisonarbeiter, die laut redeten, zuweilen laut riefen und qualmten, was das Zeug hielt. Dabei stand ihre Zimmertür die ganze Zeit offen, sodass sich der Lärm und der Qualm auf der ganzen Etage ausbreiteten und in die Zimmer zogen. Unten – in der ersten Etage, wo ich vorher war – war es relativ ruhig, nur dass ich vorher schon Türengeknalle gehört hatte, welches wahrscheinlich aus eben diesem zweiten Stock kam. Abends, als ich schlafen wollte und es wegen dem Krach und Qualm nicht ging, bin ich zweimal zu dem Herren-Dormitory hingegangen, um sie zu bitten, die Tür zu schließen. Jetzt verstand ich, warum das neu anreisende ältere Ehepaar hier oben nicht einquartiert werden sollte, und ich war ja kurz vor der Abreise. Na ja, aber nett war es trotzdem nicht, mich hier hochzusetzen.

---

[66] Dormitory = Schlafsaal

Mitten in der Nacht

Als wären Lärm und Qualm nicht genug, wurde am letzten Tag noch eins draufgesetzt, denn es gab noch einen weiteren Unterschied zum Zimmer in der ersten Etage. Diesen bekam ich erst in der Nacht bzw. am frühen Morgen mit. Am Abreisetag, dem 18. September, bin ich gegen 2.30 Uhr wach geworden und aufgestanden, weil ich Angst hatte, evtl. zu verschlafen, wenn ich im Bett bleiben würde, denn die Abflugzeit war für früh morgens angesetzt. Die Saisonarbeiter waren inzwischen ruhig und schienen zu schlafen. Ich hatte erst einmal geduscht.

Plötzlich, als ich aus der Dusche kam, sah ich, wie in meinem Zimmer gerade eine 5 cm lange Kakerlake ihren Morgenspaziergang machte, frei nach dem Motto „Morgenstund hat Gold im Mund". Ich öffnete ohne Zögern die Zimmertür, doch als ich sie aus der Zimmertür kicken wollte, war sie schneller und verschwand aufmüpfig unter meiner Couch. Als ehemalige Erzieherin und Anhängerin der „Laissez-Faire"-Idee, ließ ich sie erstmal da sitzen und zog mich an. Außerdem bin ich von meinen etlichen Indienbesuchen – was Kakerlaken betrifft – schon etwas abgehärtet und unerschrocken. Sie sehen unschön aus, aber beißen ja nicht. Oder hat jemand etwas anderes gehört?

Offensichtlich spürte die Kakerlake meine positive Einstellung und nur wenig später sah ich, wie sie bereits wieder munter im Zimmer spazieren ging. Diesmal war ich jedoch schlauer. Ich nahm den Schwenk-Deckel des Abfalleimers und stülpte ihn über die Kakerlake. Nun war sie gefangen. Zunächst überlegte ich, ob ich das einfach für das Reinigungspersonal so lasse, fand das aber unfair von mir, erstens der Reinigungskraft gegenüber, die sich vielleicht erschreckt und zweitens auch der Kakerlake gegenüber, denn, unter Umständen wird sie - so gefangen entdeckt - gleich wehrlos zerdrückt. Tierlieb wie ich bin, öffnete ich also stattdessen die Zimmertür und schob den Schwenkdeckel langsam in den Korridor, hob ihn dann ab und versetzte der Kakerlake einen Kick. Sie flog den Gang herunter, rappelte sich wieder auf und blieb am Ende des Korridors irritiert sitzen. Zufrieden schloss ich meine Tür; die war ich los. Chuzpe, einfach ungefragt in mein Zimmer zu kommen!

Kurz vor 3 Uhr in der Früh bin ich zum Strand gelaufen und habe erstmal mitbekommen, was in Tel Aviv in der Nacht - es war ja noch stockdunkel - schon oder immer noch so alles los ist. All die Tage bin ich meist gegen Mitternacht schon schlafen gegangen und das Tel Aviver Nachtleben ist an mir ziemlich vorbei gegangen. In dem Pub bei uns im Hotel waren noch einige Leute und an der Gordon Beach spielte in dem dortigen Strandrestaurant noch Musik. Es saßen Leute an den Tischen, andere waren am Strand unterwegs. Am Strand war ein Traktor zugange, der den Strand durchharkte und säuberte. Ich habe ihm eine Weile zugeschaut, wie er seine Runden drehte und seine Spuren im Sand hinterließ. Ähnlichkeiten mit einem Zen-Garten waren auf jeden Fall da.

Kurz vor 4 Uhr war ich wieder im Hotel. Als ich vor meiner Zimmertür ankam, staunte ich nicht schlecht, denn direkt

vor meiner Tür saß schon jemand und wartete: Die Kakerlake. Ganz schön dreist. Ich versetzte ihr einen weiteren
Kick, worauf sie kurz vor der Zimmertür Nr. 222 landete,
dann machte sie sich plötzlich klein und hastenichtgesehen
verschwand sie unter der Zimmertür meiner ahnungslosen
Nachbarn. Ich schwöre, das habe ich nicht gewollt!

Rückflug und Ausblick

Ich ging in mein Zimmer, nahm meine beiden Rucksäcke, habe den Zimmerschlüssel an der Rezeption eingeworfen und dann das Hotel verlassen. Es war jetzt 4 Uhr. Maxi stand schon mit seinem Auto direkt vor der Tür. Er ist wohl gerade ausgestiegen. Wir haben uns nun auf den Weg zum Flughafen gemacht. Wir hatten nur ein bischen Zeit, in der ich Maxi in die Arme nahm und mich von ihm verabschiedete und sehr wehmütig ums Herz in der Passkontrolle verschwand. Am liebsten wäre ich hier in Tel Aviv geblieben.

Am Ben-Gurion-Flughafen wurden zum Glück vom El Al-Personal keine weiteren Fragen gestellt. Das lag wahrscheinlich daran, weil ich mein Gepäck für die Rückreise schon am Vortag in dem El-Al-Büro in Tel Aviv abgegeben hatte und es dort bereits überprüft wurde.

Gegen 5.45 begann die Boarding-Zeit und um 6.20 rollten wir pünktlich auf die Landebahn und es ging nach oben, was ja die eigentliche Bedeutung von El Al ist (hebr. „nach oben"). Nach einer Weile konnte ich vom Flugzeugfenster aus den Strand von Tel Aviv und das Meer sehen, als wir es überflogen. Sehnsüchtig blickte ich nach unten und war ein bischen traurig. Schade, dass die zwei Wochen so schnell vorübergingen.

Um 9.45 Uhr (MEZ), nach israelischer Zeit schon 10.45 Uhr, landeten wir in Berlin-Schönefeld. Der deutsche Alltag hatte mich wieder, allerdings um einige Erfahrungen reicher. Besonders gut gefallen hatte mir ein Aufkleber in einem Souvenir-Laden in der Ben Yehuda Street:

I toured Israel and survived!
Ich bereiste Israel und habe überlebt!

Anhang

„Es gibt Religionen:
Hinduismus, Christentum, Buddhismus
Judentum, und viele mehr.
*Aber das sind Religionen, nicht **die** Religion.*
Sie sind Spiegelbilder des Monds
in allen möglichen Köpfen.
Sie sind nicht der wirkliche Mond.

Es gibt nur einen Mond,
aber er kann sich
in Tausenden Gewässern widerspiegeln.
Die Spiegelungen unterscheiden sich,
aber das Gespiegelte ist eins."

Osho

Aus „Der Rabbi und die Katze",
Geschichten zur jüdischen Mystik,
S. 8, Osho International Foundation 1976
Osho Verlag GmbH, 1999

Rabins letzte Rede

Rede bei der Friedensdemonstration in Tel Aviv
4. November 1995
" THE LAST SPEECH

Allow me to say, that I am deeply moved. I want to thank each and everyone of you, who have come here today to take a stand against violence and for peace. This government, which I have priveleged to head, together with my friend Shimon Peres, decided to give peace a chance. A peace that will solve most of the problems of the State of Israel. I was a military man for twenty-seven years. I fought as long as there was no chance for peace. Today I believe that there are prospects for peace, I believe that there is now a chance for peace, a great chance. We must take advantage of it for the sake of those standing here and for the sake of those who do not stand here. And they are many among our people.

I have always believed, that the majority of the people want peace, are prepared to take risks for peace. And you here, by showing up at this rally, prove it, along with the many who did not make it here, that the people truly want peace and oppose violence. Violence is undermining the very foundations of Israeli democracy. It must be condemned, denounced and isolated. This is not the way of the state of Israel.

Controversies may arise in a democracy, but the decision must be reached through democratic elections, just as it happened in 1992, when we were given the mandate to do what we are doing, and to continue to do it.

I want to thank from here the President of Egypt, the King of Jordan and the King of Marocco, whose representatives are present here, conveying their partnership with us on the march toward peace. But above all – the people of Israel, who have proven, in the three years this government has been in office, that peace is attainable, a peace that will provide an opportunity for a progressive society and economy. Peace exists first and foremost in our prayers, but not only in prayers. Peace is what the Jewish People aspire to, a true aspiration.

Peace entails difficulties, even pain. Israel knows no path devoid of pain. But the path of peace is preferable to the path of war. I say this to you as one who was a military man and minister of defense, and who saw the pain of the families of IDF soldiers. It is for their sake, and for the sake of our children and grandchildren, that I want this government to exert every effort, exhaust every opportunity, to promote and to reach a comprehensive peace.
This rally must send a message to the Israeli public in the Jewish community throughout the world, to many many in the Arab world and in the entire world, that the people of Israel want peace, support peace, and for that I thank you very much."[67]

---

[67] Anmerkung: Die Rede ist der Tafel im Eingangsbereich der City Hall in Tel Aviv entnommen. Da ich im ersten Absatz Lücken im Text hatte (das Foto mit der Rede war an dieser Stelle wegen der Sonneneinstrahlung teilweise unlesbar), habe ich die Lücken mit einer Redetextversion aus dem Internet vom M. F. A. (Ministry of Foreign Affairs = Israelisches Außenministerium) gefüllt. Kleine Abweichungen in der Wortwahl der Rede im ersten Absatz im Vergleich zum Text an der City Hall sind deshalb möglich.

Literaturverzeichnis

Bücher und eine CD:

„Die Irren von Zion",
Henryk M. Broder,
1999, dtv-Verlag

„Heimat los! Aus dem Leben
eines jüdischen Emigranten",
Gad Granach
Fischer Taschenbuch Verlag, 2001

CD „Ach so!",
Gad Granach und Henryk M. Broder on Tour,
Ölbaum Verlag, 1997

„Neues Lexikon des Judentums",
Hrsg. Julius H. Schoeps,
Gütersloher Verlagshaus, 2000

„Ich bin ein deutscher Staatsbürger jüdischen
Glaubens" - Ein autobiographisches Gespräch
mit Edith Kohn,
Ignatz Bubis,
Verlag Kiepenheuer & Witsch, 1997

„Israel, Seine Geschichte",
erzählt und gezeichnet von Hans J. Stenzel,
Kinderbuch,
Druckhaus Hentrich, Berlin

„Israel", Reiseführer,
Marco Polo,
Mairs Geographischer Verlag, 2000

Zeitungsartikel:

„Wenn El Al fliegt, muss der Abschied kurz ausfallen",
Tagesspiegel, 02.12.2002

„Sicher ist sicher- Ärger wegen Kontrollen am Flughafen
Lod", Jüdische Allgemeine, 11.09.2003

„Die letzten Minuten des Izchak Rabin",
Rhein-Zeitung Online, 06.11.1995

„Tel-Aviv Suicide Bombing at the Dolphin Disco",
June 1, 2001, www.mfa.gov.il

"Beachfront Bombing -
Bomb horror hits Tel Aviv Disco"
The Jerusalem Post Newspaper Online
June 4, 2001

„Meditieren gegen den Terror"
Jüdische Allgemeine, Israelseite, 11.12.2003

„Mindestens sieben Tote, dreißig Verletzte
in Jerusalem",
Spiegel Online, 10.09.2003

„Einer der 36 Gerechten"
Spiegel Online, 15.09.2003

„Israelische Busfahrer zu Gast in Berlin:
Sie fahren mit dem Schmerz"
www.nahost-politik.de
aus hagalil.com, 14.11.2003

„Die unsterblichen Toten -
Wie man eine koschere Straße baut",
Spiegel Online, 29.05.2004

„UN-Friedenstruppe bleibt weiter auf den
Golanhöhen"
Yahoo-Nachrichten, 30.06.2004

Stichwortverzeichnis, *Seite*

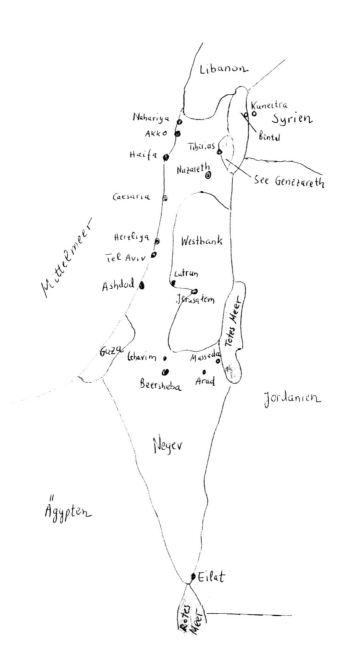

Danksagung

Ich danke Maxi für seine
Reisebegleitung und Antje, Luigi und Gesine
für die Durchsicht des Manuskriptes
und ihr Feedback.